Pavilhão da Criatividade

Memorial da América Latina

Brasil

EUGENIA

reton
Para agradecer las horas
felices que pasamos juntos, con Mimma!
Nada mejor que este lindo festival de cores
de la cultura latinoamericana, que tanto nos dá
espiritualmente! y poeticamente, por eso acabo
en poesia!
Cultivo una rosa blanca
para el amigo sincero que me dé
su mano franca!
y para el cruel, que me arranca
el corazon con que vivo, cardos ni hortigas
cultivo - cultivo una rosa blanca!
S. Paulo, 7/04/09
Willy [illegible]

Maureen Bisilliat

Pavilhão da Criatividade
Memorial da América Latina
Brasil

Empresa das Artes

La cultura és creación y por lo tanto,
la mejor expresión de la libertad de los hombres.
Además és comunicación y, como tal, el medio más eficaz
a través del cual un grupo humano alcanza su integración.
Correspondientemente no existen pueblos sin cultura,
ni tampoco una cultura uniforme para todos los pueblos.
Toda agrupación social cuenta con su cultura,
así como cada indivíduo tiene su personalidad.
De aquí que se puede hablar de una identidad cultural
como el legado más representativo y más precioso de un pueblo.

Juan Óssio

Patrocinio

UNISYS

Jarra de vidrio, cesta de mimbre, huipil de manta de algodón, cazuela de madera: objetos hermosos no a despecho sino gracias a su utilidad. La belleza les viene por añadidura, como el olor y el color a las flores. Su belleza es inseparable de su función: son hermosos porque son útiles. Las artesanías pertenecen a un mundo anterior a la separación entre lo útil y lo hermoso.

En la artesanía hay un continuo vaivén entre utilidad y belleza; ese vaivén tiene un nombre: placer. Las cosas son placenteras porque son útiles y hermosas. El objeto artesanal satisface a una necesidad de recrearnos con las cosas que vemos y tocamos, cualesquiera que sean sus usos diarios.

El artesano no se define ni por su nacionalidad ni por su religión. No es leal a una idea ni a una imagen, sino a una práctica: su oficio. El trabajo del artesano raras veces es solitario y tampoco exageradamente especializado, como en la industria. Su jornada no está dividida por un horario rígido sino por un ritmo que tiene más que ver con el del cuerpo y la sensibilidad que con las necesidades abstractas de la producción. Mientras trabaja puede conversar y, a veces, cantar. Su jefe no es un personaje invisible sino un viejo que es su maestro y que casi es su pariente o, por lo menos, su vecino.

Por sus dimensiones y por el número de personas que la componen, la comunidad de los artesanos propicia la convivencia democrática; su organización es jerárquica pero no autoritaria y su jerarquía no está fundada en el poder, sino en el saber hacer: maestros, oficiales, aprendices. En fin, el trabajo artesanal es un quehacer que participa también del juego de la creación.

La artesanía no corre pareja con el tiempo y tampoco quiere vencerlo. No quiere durar milenios, ni está poseída por la prisa de morir pronto.

Transcurre con los días, fluye con nosotros, se gasta poco a poco, no busca a la muerte ni la niega: la acepta.

La artesanía nos enseña a morir y así nos enseña a vivir.

Octavio Paz
Fragmentos del ensayo *"El uso y la contemplación"*

UNIFORME! VE
A HUANCAY

Durante más de 20 años
Jacques Bisilliat, Antônio Marcos Silva y yo
trillamos los caminos de los artistas populares
y artesanos anónimos de este Brasil.
Mundo de pequeñas glorias,
que nos encantó por la versatilidad de su creación.
El Acervo del *Pavilhão da Criatividade*
es una expresión de este encantamiento.
Retratar este mundo, atravesar nuevas fronteras,
es ahora el desafío.

A Jacques Bisilliat y a Antônio Marcos Silva, dedicamos esta pequeña introducción al *Pavilhão.*

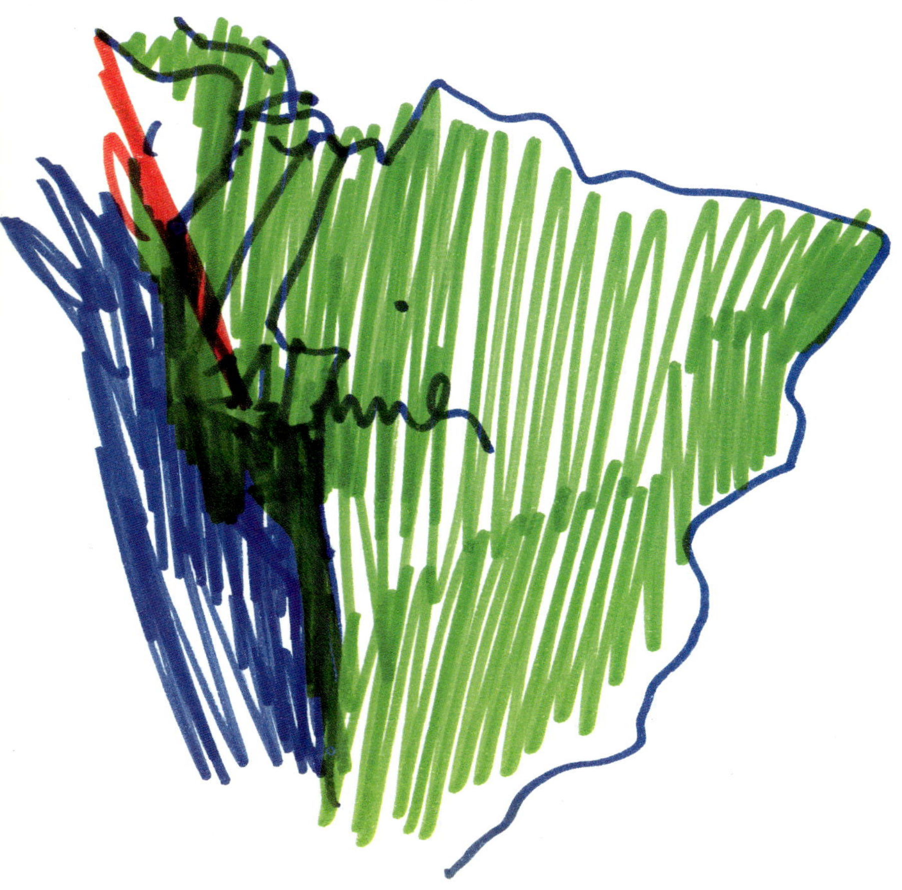

Durante los meses de agosto/ septiembre de 1988, Jacques y yo viajamos, caminos varios de este continente, planeando en vuelo de cóndor, posando en tierra firme, sorprendiendo a los habitantes de las tierras visitadas, siendo por ellos sorprendidos, por la fuerza y originalidad del *cantollano* de sus vidas-creaciones. Poblaciones transandinas, pantaneras, costaneras y campestres de *México, Guatemala, Ecuador, Perú y Paraguay,* reflejadas en el espejo del tiempo, que nos llegan a través de tradiciones heredadas de sus antepasados de antiguas civilizaciones. En auto, camión o tren; en lomo de burro, a pie y en avión, así nos fuimos. Y fue así que, en dos meses, descubrimos, reunimos y adquirimos lo que hoy constituye el Acervo Permanente de Arte Popular del *Pavilhão da Criatividade* del *Memorial da América Latina*: objetos sagrados y profanos, como testimonio de culturas vivas en constante transformación. En los cinco países visitados en ese invierno/verano del 88, fuimos guiados por gente a la que mucho debemos.

En México: *Teresa Pomar,* indómita y generosa amante del arte popular. En Guatemala: *Ricardo Toledo Palomo* del "barroco sísmico". En Ecuador: *John Alfredo Davis* – mercados azules de Otavalo, de Rio Bamba color granada. En Perú subimos al Tiklio, ferrocarril en las alturas, llevados por los vientos, embebecidos por el aire rarefacto, con *María Elena del Solar.*

Fue *Ticio Escobar* el que, al final del viaje y en la inspiración de su pensamiento, nos abrió para los "muchos rostros y los tantos sueños" del Paraguay.

A COR PAROU, SÓ TINTA, AZUL
FICAR SI OU NÃO RETORNO
PARA AS ROUPAS COLORIDAS

¿Y Brasil? ¡Ah! Brasil, por el cual anduvimos tanto por tantos años – Jacques Bisilliat, Antônio Marcos Silva y yo – por el norte, nordeste, por tierras *mineiras* y otros parajes menos conocidos. Viajes de muchos kilómetros en los tiempos en que la gasolina permitía esas largas *promenades.* Fueron 20 años en total. Jacques y Marcos al volante – yo en la retaguardia – formando, formulando y haciendo funcionar *O Bode (El Chivo) Galeria de Arte Popular.*

En Brasil en general pero en especial en el Nordeste, el chivo es, ante todo, un animal fuerte.

Terco, resistente, habituado a la sobrevivencia en las más duras condiciones.

Cuando Jacques y Maureen Bisilliat y Antônio Marcos Silva resolvieron hacer una casa de arte popular brasileña en la hoy sofisticada calle Bela Cintra en São Paulo, sabían que estaban eligiendo el mejor nombre, el mejor patrono. Para mantener vivo el ideal de la tienda – rastrear, con rigor, lo mejor de la exuberante artesanía del pueblo – hace más de dieciocho años el parisino Jacques tiene que enfrentar, con auténtico espíritu de chivo, las más difíciles rutas de Brasil y los más insidiosos planes de salvación nacional.

Para recolectar piezas en Belém do Pará, por ejemplo, su chivo-kombi necesita rodar, en viajes que duran treinta, cuarenta días, cerca de 13 ó 14 mil kilómetros de riesgos.

Palabras de Carlos Moraes, en la revista Transbrasil, 1990.

A partir de esa vivencia, de ese *Bode*, sobrevino el *Pavilhão*, una pequeña, pero expresiva parte del Memorial. Y el Memorial ¿cómo empezó? Si mal no recuerdo, fue en una tarde a principios de los años 70, que Darcy Ribeiro nos habló por primera vez acerca de su sueño de crear un lugar de encuentro entre los pueblos latinoamericanos, el Brasil como anfitrión. En marzo de 1989, Oscar Niemeyer concretó ese sueño bolivariano, ideando un espectáculo arquitectónico, espacio reservado para América Latina en Brasil.

En este espacio se encuentra el *Pavilhão da Criatividade*, sus 1.600 metros lineales elaborados y organizados con maestría por el arquitecto Antônio Marcos Silva.

Presentes hasta ahora en el *Pavilhão*: Brasil y México; Guatemala, Perú y Ecuador, con el Paraguay aguardando su espacio de exposición. Sin embargo, en breve puede venir una promesa de ampliación, una posibilidad de crecimiento que incorporará debida y definitivamente a los países todavía ausentes en el Pavilhão.

Esta es una meta. Un deber.

El libro

Con relación a los textos

Procurando una acústica que registrara el sonido unísono del Pavilhão, hemos buscado en la experiencia de especialistas, escritores y poetas, un soporte informativo: detalles sobre tradiciones y técnicas, procesos y circunstancias de producción que, enriqueciendo las imágenes, las aproximara a través de su historia.

Con relación a los epígrafes

El Acervo del *Pavilhão da Criatividade* fue montado empíricamente, como resultado de años de convivencia con el Arte Popular. Al elaborar este libro nos enfrentamos a una falta de informaciones sobre muchas de las piezas de la colección. La formulación de las leyendas ha sido una manera ardua de llenar este vacío y de aprender haciéndolo.

Con relación a las imágenes

Las piezas que componen el libro han sido seleccionadas enfatizando tradiciones notables de cada país, evitando las repeticiones que, sin ese discernimiento, podrían ocurrir. Denominaciones comunes. Captación de mensajes. En los bordados de una pollera, en el corte de un sombrero, los arabescos de un mate, en el surrealismo de los *alebrijes*, la vitalidad creadora del artesano.

Con relación a las video-imágenes

La rapidez del viaje – la intensidad, concentración, energía y esfuerzo destinados a la recolección – dejó poco tiempo para documentación. Imágenes extraídas de video fue la manera encontrada para registrar momentos vistos: la hechura de un pote, de una manta; una mirada, un sonriso, un gesto furtivo; la elegancia de las ropas, la sobriedad, lo inesperado, la osadía del color.

Non c'è inizio né fine.
Ma soltanto l'infinita passione per la vita.

Federico Fellini

If you found things easily they would already be found.

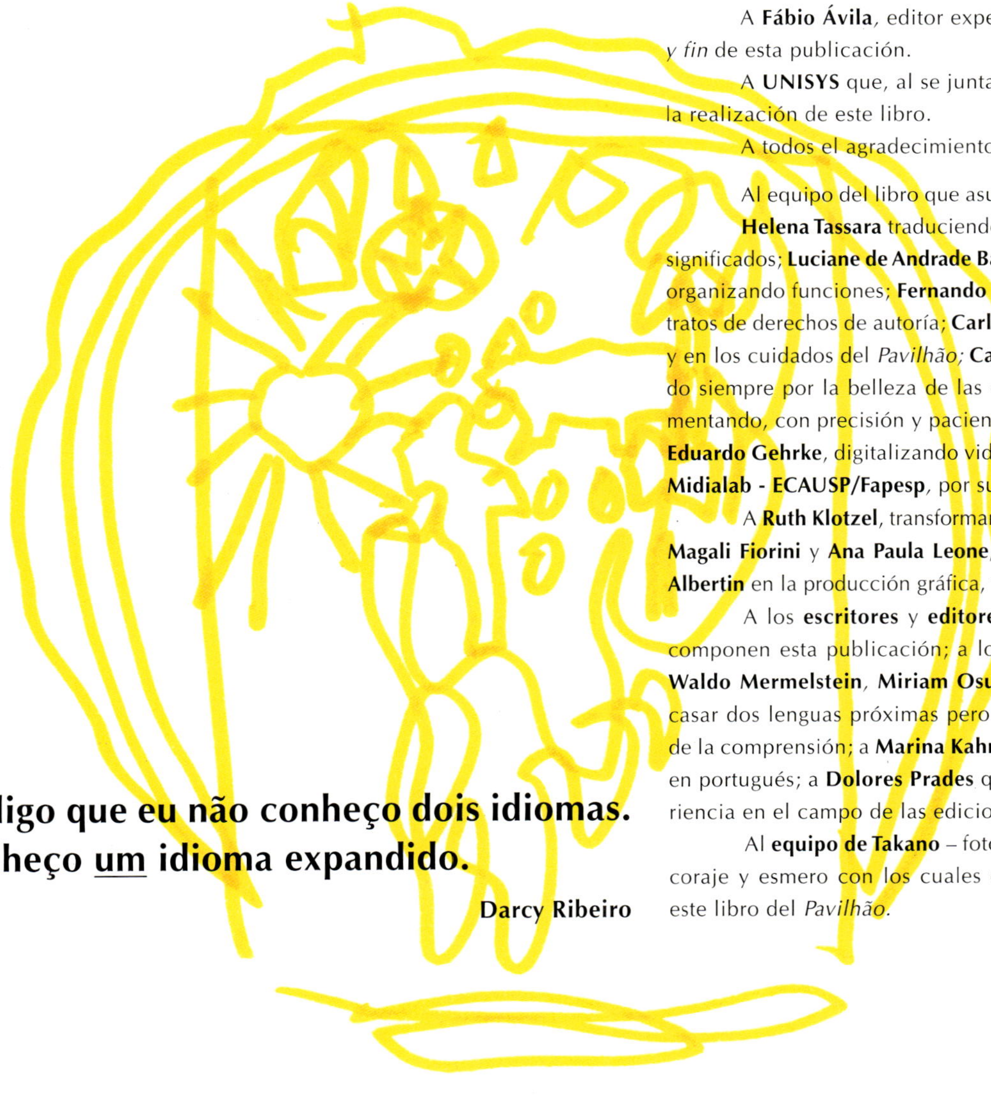

Eu digo que eu não conheço dois idiomas.
Conheço um idioma expandido.

Darcy Ribeiro

Agradecimientos

A los **artistas** aquí presentes brindamos en clara y alta voz, apostando a la continuidad de sus trabajos, concientes de la perseverancia y resistencia exigidas para mantener viva su condición de artesano.

A los **escritores** que, sin ser conocidos nuestros, han sido nuestros compañeros en esta publicación.

A los que acompañaron nuestra búsqueda, **Teresa Pomar**, **Ricardo Toledo Palomo**, **John Alfredo Davis**, **María Elena del Solar** y **Ticio Escobar**: que nos visiten con más frecuencia para que podamos, juntos, dar alas a la imaginación.

Al equipo del *Pavilhão da Criatividade* – **Fernando Bueno**, **Luciane de Andrade Barreto**, **Carlos Dourado**. La competencia y sensatez con la que asumen la multiplicidad de sus funciones y el constante celo por el buen funcionamiento del *Pavilhão* (en estos 11 años de convivencia), hicieron que este libro encontrara su tema-matriz todavía incólume.

A **Fábio Magalhães**, actual Director Presidente del Memorial, a **Paulo de Tarso Santos** y a **Maria Angélica Popoutchi**, bajo cuya dirección trabajé en el ejercicio de mis funciones – en el reconocimiento del aporte de cada uno a esta Fundación.

A **Fernando Severino**, Director de Actividades Culturales: *in memoriam*.

A **Fábio Ávila**, editor experimentado y hombre de coraje: *inicio y fin* de esta publicación.

A **UNISYS** que, al se juntarse a nosotros una vez más, posibilitó la realización de este libro.

A todos el agradecimiento del *Pavilhão da Criatividade*.

Al equipo del libro que asumió con valor las siguientes funciones: **Helena Tassara** traduciendo texto, adecuando idiomas, resaltando significados; **Luciane de Andrade Barreto** pesquisando datos catalográficos, organizando funciones; **Fernando Bueno** intermediando contactos y contratos de derechos de autoría; **Carlos Dourado** asesorando en la fotografía y en los cuidados del *Pavilhão*; **Calazans Luz** fotografiando, sorprendiendo siempre por la belleza de las configuraciones; **Renato Soares**, documentando, con precisión y paciencia, gran parte del acervo del *Pavilhão*; **Eduardo Gehrke**, digitalizando video-imágenes para las introducciones. A **Midialab - ECAUSP/Fapesp**, por su útil colaboración.

A **Ruth Klotzel**, transformando un acervo táctil en un grafismo vital; **Magali Fiorini** y **Ana Paula Leone**, finalizando la diagramación y **Marcos Albertin** en la producción gráfica, trayendo a puerto seguro este *barco*.

A los **escritores** y **editores** por la utilización de los textos que componen esta publicación; a los traductores y revisores del español: **Waldo Mermelstein**, **Miriam Osuna** y **Enrique Melone** que han sabido casar dos lenguas próximas pero sutilmente distintas en las entrelíneas de la comprensión; a **Marina Kahn** por su criteriosa revisión de los textos en portugués; a **Dolores Prades** que dividió con nosotros su vasta experiencia en el campo de las ediciones.

Al **equipo de Takano** – fotolitos, impresión y terminación – por el coraje y esmero con los cuales enfrentaron las policromías latinas de este libro del *Pavilhão*.

Maureen Bisilliat

El sociólogo que quiera comprender el Brasil no raro necesita transformarse en poeta.

Roger Bastide
Brasil: Terra de Contrastes
(São Paulo/Rio de Janeiro: Difel, 1980)

BRASIL

Brasil tiene una población de casi 162 millones de habitantes (1998), y es el único país de América Latina que habla el portugués. Con una superficie de más de 8,5 millones de km^2, Brasil es el quinto país del mundo en extensión territorial. El territorio brasileño, ubicado en la parte centro-occidental de América del Sur, representa el 47,7% del área sudamericana total. Limita al Norte con Surinam, Guayanas, Venezuela y Colombia, al Noroeste con Colombia y Perú, al Oeste con Perú y Bolivia, al Sudoeste con Paraguay y al Sur con Argentina y Uruguay. Al Este queda la región de la costa, con una extensión de 7.367 km. de arenas y playas bañadas por el Océano Atlántico.

El pulmón del Brasil respira, seguramente, hacia el mar.

"Ahora bien, no es de extrañar, observa Afrânio Peixoto, *que, teniendo tan vasta extensión de territorio y tan distintas condiciones locales de altitud, proximidad o lejanía del mar, suelo desnudo o protegido por vegetación, posea el Brasil varios climas, casi todos los climas de la Tierra."*

Fernando de Azevedo
A Cultura Brasileira, (São Paulo: Edições Melhoramentos, 1958, 3ª Edición.)

Entre nosotros, en Alagoas,
Congos, Reisados y Bumba-Meu-Boi,
era todo una sola cosa...

Théo Brandão

Guerreros

En el periodo navideño, en la región brasileña de la jangada, aparece el auto popular denominado *reisado,* alegrando, generalmente a la noche, las ciudades y pueblos nordestinos.

Son varios los participantes del *reisado*: Rey, Reina, Secretario, Guías y Contraguías, Maestre, Contramaestre, Mateus, Payaso, Lira, Embajadores o Embajadoras, Gobernador, Estrella, Indio Peri, Sirena.

La parte más atractiva está en el sombrero todo adornado de cintas y espejitos. Estos espejos tienen una finalidad mágica, funcionan como amuleto, sirven para el choque de retorno: todo el mal, todos los malos deseos que se choquen contra aquellos espejos, retornarán para quien los haya tenido. Tienen la función de amuleto, defensiva, protectora, es lo que afirman.

Alceu Maynard Araújo
Cultura Popular Brasileira
(São Paulo: Melhoramentos, 1973)

Los Guerreros de Alagoas, dentro de la tradición secular de las fiestas de Reyes, o *reisados*, son recientes, y su aparición data, como mucho, de los años 30.

Sombreros de Guerreros. Cartón revestido de papeles de aluminio, imitando a catedrales y coronas, en forma de cono o pirámide, ornamentados con adornos de Navidad, perlas, abalorios, tiras de espejos, espejitos y cintas de colores.
Autores: anónimos.
Altura: 28 a 70 cm. Ancho: 17 0 a 53 cm.
Origen: Marimbondo y Pilar, Estado de Alagoas.

Tablado *Maracatu*. Vestimentas de Rey y Reina del *Maracatu de Baque Virado*. El sombrero de sol que acompaña al Rey, es un elemento árabe, todavía típico en el África septentrional. Significa el Sol protector. A la derecha, traje utilizado en el *Maracatu Rural* o *de Lança*, de la región de la Zona da Mata o en el Agreste, en el interior del Estado.
Autores: anónimos.
Origen: Estado de Pernambuco.

Maracatu

Grupo carnavalesco pernambucano, con pequeña orquesta de percusión, tambores, maracas, *e gonguê* recorre las calles, cantando, danzando sin coreografía especial. Es visible vestigio de los séquitos negros que acompañan a los reyes de los *congos*, elegidos por los esclavos, para la coronación en las iglesias y posterior *batuque* (sonido de tambores) en el atrio, homenajeando a la patrona o a la Nuestra Señora del Rosario. Perdida la tradición sagrada, el grupo convergió en un carnaval, conservando elementos que son distintos de todos los otros cordones de la especie.

A los séquitos se dice siempre *nação* (nación), sinónimo popular de gran grupo homogéneo y los títulos tienen un sabor primitivo*: Nação de Porto Rico, Nação de Cabinda Velha, Nação do Elefante, Nação do Leão Coroado.* Al frente van Rey y Reina, Príncipes, Damas, Embajadores, bailarinas (vestidas de bahianas con pollera rodada, turbante, collares y adornos) e indígenas con penachos emplumados. No hay trama. Se trata de un desfile al ritmo del retumbar de los tambores.

Luis da Camara Cascudo
Dicionário do Folclore Brasileiro
(Belo Horizonte: Itatiaia, 1993. 7ª edicion)

Bumba-meu-boi

Buey Bumbá. Terciopelo sobre armazón de madera. En primer plano: *cuero* del buey, terciopelo negro ricamente bordado con abalorios, canutillos, lantejuelas y piedrerías.
Autor: anónimo.
Origen: São Luiz, Estado de Maranhão.

Palco *bumba-meu-boi*. Trajes del *bumba-meu-boi* de Maranhão. Además de los dos trajes típicos, uno de vaquero, otro de caboclo de plumas, dos bueyes finamente decorados y bordados.
Autores: anónimos.
Buey: Altura: 1,55 m. Largo: 1,10 m.
Origen: São Luis, Estado de Maranhão.

Miniaturas del *Boi da Ilha*.
Confeccionados con madera-balsa y tela.
Altura media de las figuras: 26 cm.
Autor: Raimundo Nonato Braga.
Origen: São Luís, Estado de Maranhão.

Página siguiente:

Sombrero de Mestre Bumba.
Adornado con canutillos, cuentas y centenares de metros de cintas.
Diámetro: 70 cm. Largo de las cintas: 2 m.
Origen: São Luiz, Estado de Maranhão.

El negro está en los *congos.*
El portugués en el *fandango* o *marujada.*
El mestizo, criollo, mameluco,
bailando, cantando, viviendo, está en el
bumba-meu-boi, el primer auto
nacional en la legitimidad temática y
lírica y en el poder asimilador,
constante y poderoso.

La figura poderosa del toro, tiene la mas diversa y prodigiosa bibliografía en el dominio mítico, himnos vedas, leyendas hindúes, tradiciones brahmanes, iraníes, turianas, eslavas, germanas, escandinavas, francas, celtas, griegas, latinas. El toro, el buey (Zeus, Poseidón, Dionisio): imagen de la potencia fecundante; atributo solar y lunar. No encuentro en ninguna ceremonia votiva o lúdica africana influencias sensibles en el auto brasileño, creación genial del mestizo, sin designio, expresión o sentido sagrado. En el Nordeste, área indiscutible de su formación, desarrollo y duración, casi cada año hay modificación en el elenco, en una sustitución que denuncia la incesante conquista del nivel de atención colectiva. El *bumba-meu-boi* es un auto de excepcional plasticidad y el de más intensa penetración afectuosa y social.

Luis da Camara Cascudo
Dicionário do Folclore Brasileiro
(Belo Horizonte: Itatiaia, 1993. 7ª edicion)

Montaña con monos.
Escultura esculpida en el tronco de nanjea.
Autoría: Antonio Julião.
Altura: 84 cm. Ancho: 44 cm.
Origen: Prados, Estado de Minas Gerais.

Nuestro arte no para más,
es un mal de familia.

***Seu* Julião**

En total son nueve los hijos de *Seu* Julião y quince los nietos, todos trabajando con escultura en madera, habiendo sido el hijo Itamar su iniciador. La relación de todos con la naturaleza es clara. Viviendo en el mismo terreno en donde nació, *Seu* Julião los mantuvo a su alrededor, los hijos casados viviendo muy cerca, algunos al lado de su casa. Todo el espacio está plantado con frutales, árboles, flores, huerta. Con un pesar infinito, *Seu* Julião nos cuenta que, hasta hace cuatro años, había grupos de grandes monos barbudos en la mata, desvastada para hacer carbón. Seria imposible que no hubiese una observación directa del comportamiento del animal, en especial de los monos.

César Aché

Árbol con animales de la mata y pájaros.
Escultura tallada en
un único pedazo de cedro.
Autor: Adão de Lourdes Cassiano.
Altura: 92 cm. Ancho 42 cm.
Origen: Cachoeira do Brumado,
Estado de Minas Gerais.

Presepio

Artur Pereira, escultor, nacido en 1920, en Cachoeira do Brumado, en los alrededores de Mariana, Minas Gerais. Tierra de onza, de escultores y talladores, estas minas. De la misma manera que para muchos escultores populares, la primera pieza que para él señala la frontera entre la artesanía y la creación, fue una inspiración religiosa, un presepio. Además de los presepios, en su producción se destacan las escenas de la vida rural – cazadas, boyadas, animales domésticos – y el gran grupo de los animales de la mata. Es posible que la preferencia de Artur Pereira por la representación de estos animales sea un reflejo de los años de aislamiento pasados en la mata, quizá una especie de memoria de todo lo que ha visto y que ya no existe allí. Un mundo perdido que el artista recupera, a través de su arte, para sí mismo y para nosotros.

César Aché

Presepio. Escultura tallada en un único pedazo de cedro. Autor: Artur Pereira. Altura: 64 cm. Ancho: 60 cm. Origen: Cachoeira do Brumado, Estado de Minas Gerais.

Presepio.
Ocho piezas en madera esculpida.
Autor: M.G.
San José: 1,32 m de altura.
Virgen María: 1,23 m de altura.
Menino Jesus: 40 cm de largura.
Origen: Juazeiro do Norte,
Estado de Ceará.

Suçuarana. Madera tallada,
esculpida y pulida.
Autor: Manuel Cavalcanti
de Almeida.
Altura: 1 m.
Origen: Boca da Mata,
Estado de Alagoas.

Pito antropomorfo. Frente-verso.
Madera tallada de admirable
plasticidad, expresando un
erotismo raro en el arte popular.
Autor: Zé Ferreira.
Altura: 20 cm.
Origen: Juazeiro do Norte,
Estado de Ceará.

Ángel. Escultura tallada en cedro.
Las creaciones de Mestre Dezinho resultan en piezas peculiares, tanto en la composición como en el diseño. Casi en tamaño natural, el cuerpo de sus ángeles y de sus santos suelen ser decorados por una profusión de acajúes, flores y follajes en relieve.
Autor: José Alves de Oliveira (Mestre Dezinho).
Altura: 1,20 m. Ancho: 62 cm.
Origen: Teresina, Estado de Piauí.

Mamulengos. Marionetas tradicionales nordestinas confeccionadas en madera y recubiertas con ropas de tela de colores. Suelen ser manipuladas por el propio creador que interpreta pequeñas escenas en las ferias, calles o plazas públicas.
Autor: Pedro Boca Rica.
Altura media: 70 cm.
Origen: Fortaleza, Estado de Ceará.

La presencia de los fantoches, de los títeres, se advierte desde la más remota antigüedad. Los fantoches se hacen en madera, metal, papel, tela, paja, barro, etc. Se los viste de acuerdo a la moda local. En general cada muñeco tiene su nombre, su "personalidad". En sus presentaciones nunca salen de una determinada "línea de conducta". Así, el *llorón,* el *peleador,* el *valiente,* el *bondadoso,* siempre se presentan con sus predicados, a través de los cuales se hacen conocidos. Además de esos personajes "humanos" hay también algunos bichos, destacándose el muy brasileño jacaré.

La voz es de quien lo maneja. Encontramos el *mamulengo* en algunas ferias nordestinas hacer reir a carcajadas a los niños y adultos que se acercan a esos "vendedores ambulantes" que los utilizan para vender los productos que proclaman.

Alceu Maynard Araújo
Cultura Popular Brasileira
(São Paulo: Melhoramentos, 1977)

Réplica de cerámica marajoara. Jarro en barro cocido, ornamentado con motivos indígenas tradicionales provenientes de la Isla de Marajó. Autores: atelier Raimundo Cardoso. Altura: 56 cm. Diámetro: 40 cm. Origen: Icoaraci, Estado de Pará.

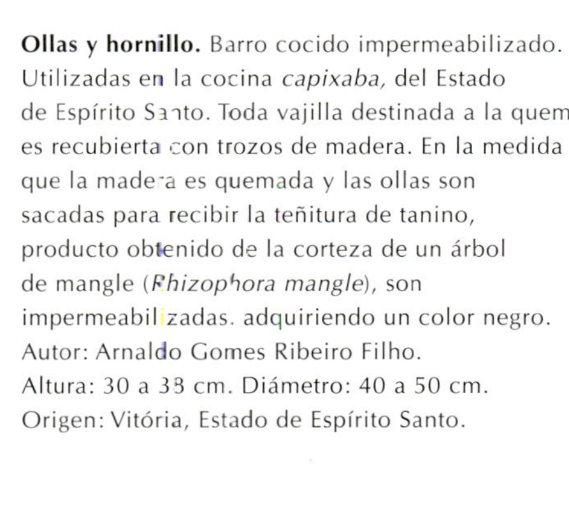

Ollas y hornillo. Barro cocido impermeabilizado. Utilizadas en la cocina *capixaba,* del Estado de Espírito Santo. Toda vajilla destinada a la quema es recubierta con trozos de madera. En la medida que la madera es quemada y las ollas son sacadas para recibir la teñitura de tanino, producto obtenido de la corteza de un árbol de mangle (*Rhizophora mangle*), son impermeabilizadas, adquiriendo un color negro. Autor: Arnaldo Gomes Ribeiro Filho. Altura: 30 a 38 cm. Diámetro: 40 a 50 cm. Origen: Vitória, Estado de Espírito Santo.

Bichos de Amazônia

El Amazonas, el Solimões, son ríos cantantes: una bandada de loros inunda de tamborileos las tardes y las mañanas. Monos, entonces, ni qué hablar. Vea qué hermosos nombres: *macaco-prego, macaco-de-cheiro, barrigudo...*

A la noche, en el Amazonas, se oyen bramidos, chillidos, aullidos, tumultos de voces. El mono aullador cuando llora, asusta. De las gaviotas, ni qué hablar: miles, miles, palpitando, haciendo volteretas en el aire, gritando, haciendo agresiva la oscuridad.

Mário de Andrade
Mário de Andrade: Turista e Fotógrafo na Amazônia de Telê Ancona Lopes (São Paulo: Associação Pró-Parque Modernista/USP, 1990)

Animales del Amazonas. Araras, tucanes, garzas; *socó-boi* y *maguari*; agutí, carpincho y anta; onza negra y pintada. Madera esculpida e pintada. Autor: José de Moura Alcântara. Altura media de los pájaros: 70 cm. Largo promedio de los mamíferos: 70 cm. Origen: Manaus, Estado de Amazonas.

Los caballeros "son" el disfraz que usan.
Los moros son moros y los cristianos son cristianos.
Quien usa el sombrero del rey, actúa como rey.
Pero los enmascarados, todos igualmente disfrazados,
son apenas enmascarados. Estar mascarado los iguala;
la figura de la máscara no los diferencia.

Carlos Rodrigues Brandão
Caballadas de Pirenópolis
Estudo sobre Representações de Cristãos
e Mouros em Goiás (Goiânia: Oriente, 1974)

Esculturas. Escenas que cuentan historias esculpidas, pintadas sobre madera en bruto, son también conocidas como **diecisietes.**
Autor: João Cosmo Félix (Nino).
Altura media: 90 cm. Ancho medio: 20 cm.
Origen: Juazeiro do Norte, Estado de Ceará.

Máscaras de Pirenópolis

Enmascarados, Moros y Cristianos en la Fiesta del Espíritu Santo

En homenaje al Divino Espíritu Santo y suntuosamente vestidos, en Pirenópolis, Goiás, los caballeros y sus caballos, los moros de rojo y oro y los cristianos de azul y plata , se reúnen al sonido de la Banda Phoenix y, juntos, van hacia el campo de batalla. Inmediatamente después del almuerzo del domingo, antes que los caballeros moros y cristianos lleguen al campo de fútbol con sus graderías adornadas con telas de calicó, varios caballeros enmascarados, solos o en grupos, comienzan a recurrir las calles de la ciudad colonial. Son los muchachos de la ciudad o de las haciendas cercanas. La mayor parte de los enmascarados usa máscaras de papel que son figuras de colores, representando cabezas de bueyes con enormes cuernos, animales tradicionales de la caballada, como la onza o el mono, o caras de hombres raros.

Sobre las máscaras, en los sombreros, en los cuernos, muchas flores de papel crepe, punteadas con purpurina. Sus caballos son también profusamente adornados con flores de papel y cintas de colores colgadas al frente del animal; algunas latas o campanitas, producen el ruido único de los enmascarados cuando galopan por las calles de piedra de Pirenópolis.

Y montados en sus caballos, en una demostración de extremada habilidad, los enmascarados oyen el Himno en Honor al Divino Espíritu Santo.

Página seguinte:

Máscaras. Hechas de camadas de papel sobrepuestas, moldadas, pintadas y decoradas con flores de papel crepe adornadas con purpurina.
Autores: anónimos.
Largo promedio de las máscaras con cuernos: 1m.
Origen: Pirenópolis, Estado de Goiás.

Páginas 26 y 27:

Escenas. Placas de cerámica cocida y pintada. De una creatividad inagotable, representan entretenimientos cotidianos, romances y escenas míticas.
Autores: Cícera Fonseca da Silva (Ciça), junto con sus hermanas y sobrinas.
Altura: 25 cm. Ancho: 20 a 30 cm.
Origen: Juazeiro do Norte, Estado de Ceará.

M.L.C.

SAGITÃRO

M.L.C.

TOURO

CAPRICÓRNIO

VIRGEM

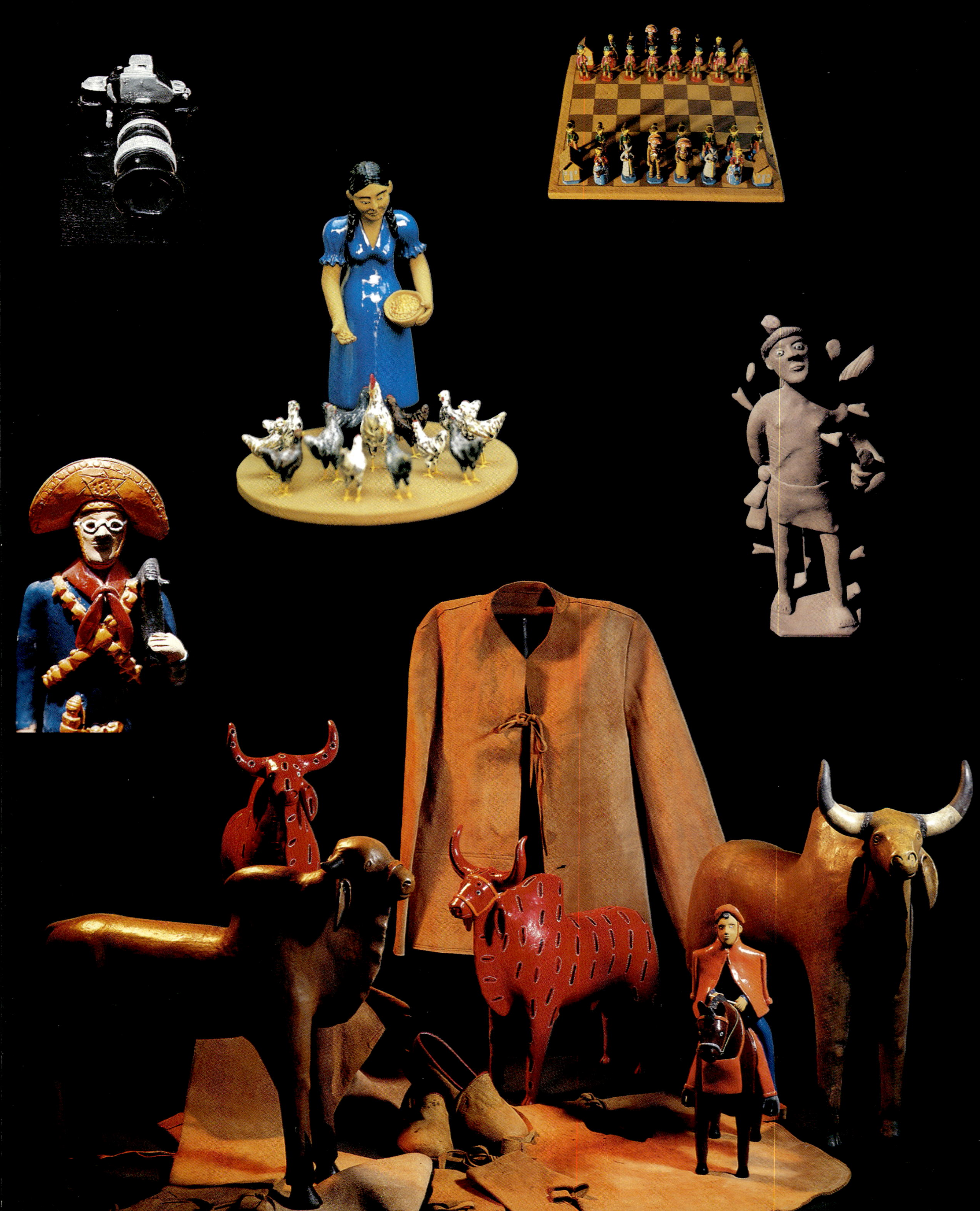

Ajedrez. Miniatura en barro cocido pintado.
Autor: Marliete Rodrigues
Tablero: 22x22 cm. Piezas: 6 cm de altura.

Máquina fotográfica. Barro cocido pintado.
Réplica en tamaño natural de cámera Nikon.
Autor: Luiz Antonio da Silva.
Largo: 21 cm.

Cangaceiro. Barro cocido pintado.
Autor: Manuel Eudócio.
Altura: 20 cm.

Muchacha con gallinas. Barro cocido pintado.
Autor: Marilete Rodrigues.
Altura: 9 cm.

San Sebastian.
Barro cocido natural.
Autor: Zé Caboclo.
Altura: 22 cm.

Bueyes. Barro cocido, natural y pintado.
Altura: 30 a 60 cm.

Gibón. Cuero de ciervo de la mata.
Autor: anónimo.
Origen: Feira de Santana, Estado de Bahia.

Origen de las piezas de barro: Alto do Moura, Caruaru, Estado de Pernambuco.

Camión, tractor y carro. Cerámica pintada
Autor: Luiz Antonio da Silva.
Caruaru, Estado de Pernambuco.

Camión de lata.
Autor: José Maurício dos Santos.
Juazeiro do Norte, Estado de Ceará.

Tractor de madera.
Autor: Juarez.
Itinga, Estado de Minas Gerais.

Excavadora de chatarra.
Autor: Lúcio Salles.
Fortaleza, Estado de Ceará.

Caruaru

Alto do Moura

La Feria de Caruaru, espacio económico, social y cultural en el paso de la *caatinga* hacia el *sertão*, tiene todo lo que queramos. Puestos de verduras, frutas, cereales, carne seca, de charqui, de sol; condimentos, hierbas, goma, tapioca, pasteles de todos los tipos, pequeños dulces de guayaba y de banana, muchos otros dulces y quesos. Todos los productos están en exposición y se los puede probar. Sin rupturas, integrado al mismo espacio, se destaca el grupo de ceramistas figureros – los artistas del Alto do Moura, que representan, sin duda, una de las grandes atracciones de la feria.

Mestre Vitalino – nacido en 1909 en Ribeira dos Campos, Pernambuco – fue a vivir al Alto do Moura en 1946.

Este hecho fue fundamental para el desarrollo de la cerámica de la región. En las historias que escuchaba, en los hechos presenciados y en aquellos de los cuales participaba, Vitalino encontraba motivación para fijar, en el barro, el mundo que lo rodea: piezas siempre fuertes, expresivas en su sencillez, comunicativas, hablantes, alisadas y cocidas, que pasaron a despertar el interés de otros ceramistas del Alto do Moura.

Con esa transformación creaba una nueva dimensión para trabajar el barro: ya no el juguete o el objeto utilitario, sino el comentario y la descripción de la vida regional en forma de escultura.

Silvia Rodrigues Coimbra, Flávia Martins
y **Maria Letícia Duarte**
O Reinado da Lua: Escultores Populares do Nordeste
(Rio de Janeiro: Salamandra, 1980)

Y así se fueron sucediendo:
Zé Caboclo, Manuel Eudócio, Luiz Antonio, Marliete, Socorro, Jandira y muchos más.

Del fondo de las imperfecciones, de todo lo que el pueblo hace, viene una fuerza, una necesidad que, en el arte, equivale a lo que es la fe en religión. Eso es lo que puede cambiar el lugar de poso de las montañas.

Mário de Andrade

Mi madre trabajaba con pote, olla, aquellos platos que eran fáciles de hacer, yo aprendí con ella, ¿sabe? Ahora, para modificar, hacer cosas novedosas, las muñecas por cierto fue idea mía. Yo había parado de hacer esas muñecas, ¿se acuerda? Entonces Don Jacques hablo: "Doña Izabel, Ud. tiene que volver a hacerlas otra vez".

Izabel M. da Cunha (1988)

Vale do Jequitinhonha

El valle del Rio Jequitinhonha, ubicado en la región Norte de Minas Gerais, con un área de cerca de 85 mil km^2, todavía hoy es uno de los más auténticos y persistentes núcleos de producción cerámica, utilitaria o no, existentes en Brasil.

Pese a la introducción, hace ya bastante tiempo, de los utensilios industriales, es muy raro que no se encuentren, en las casas de la región, aisladas en las haciendas o incluso en las pequeñas ciudades, por lo menos los potes de cerámica para agua, de uso frecuente en las actividades de la cocina. Aunque parte de la producción es para los mercados de los grandes centros urbanos, la utilización del objeto de barro forma parte de la cultura local. Los alimentos, incluso el agua, conservan su sabor y su frescor, en contacto con el material.

Noemisa Batista dos Santos, de la región de Caraí, en el Vale do Jequitinhonha, prepara piezas de cerámica. Su abuela le pasó las técnicas y los secretos del oficio de alfarería a su madre – Joana dos Santos que, siguiendo la tradición, los transmitió a ella y a sus cuatro hermanas: Santa, Geralda, Jacinta y Maria.

Curiosa su técnica de moldear, en la que los mínimos detalles se aplican a los personajes, como si se los vistiera. El esmero de la pintura, distribuyendo las áreas de color, el arreglo de las flores en los altares, las novias tan sencillas y majestuosas, el guardarropa cuidadoso con el cual viste sus figuras – aretes, relojes, corbatas –, el perro subido al carro del buey, las aceitunas del pollo asado, cada detalle forma parte de un minucioso y bien orquestado mundo.

César Aché

Transformadas en objetos ornamentales por la elegancia de las formas y por el primor técnico con el que son ejecutadas, las vasijas en forma de personas de Doña Izabel retratan especialmente a mujeres. Siempre arregladas, pintadas, maquilladas bien al gusto *sertanejo,* representan figuras que viven situaciones típicas del universo femenino en toda su dignidad y belleza: embarazadas o novias, amamantando o con sus chicos, listas para la procesión o para la fiesta.

Escenas. Barro moldeado, cocido y pintado con tintas naturales. Autor: Noemisa Batista. Altura media: 19 a 30 cm. Ancho medio: 14 a 20 cm. Origen: Minas Novas, Estado de Minas Gerais.

Novia-vasija. Barro moldeado, cocido y pintado con tintas naturales hechas con *tabatinga,* arcilla blanca, y tierras de la región. Autor: Izabel Mendes da Cunha. Altura: 95 cm. Ancho: 35 cm. Origen: Santana do Araçuai, Estado de Minas Gerais.

Escultura. Barro moldeado y cocido.
Áutor: Ulisses Pereira Chaves.
Altura: 1,03 m.
Origen: Caraí, Estado de Minas Gerais.

El artesano tiene que cambiar, cambiar la experiencia, la palabra tiene que ser nueva.

Yo sólo voy para adelante, no vuelvo hacia atrás, es como el agua – solo el agua viva es la que sigue su curso. La tierra es viva, la montaña es viva, el barro es vivo, el fuego también lo es. Yo converso con las aves, con la plantas, la naturaleza, con las montañas, la luna llena. La naturaleza está llorando, los árboles me responden cómo ella está, cómo anda su vida. También cuentan su historia. Hoy la naturaleza mala está más adelantada que la naturaleza buena.

Es un don de nacimiento, conversar con las cosas invisibles, he aprendido con Dios. También tengo mi misterio. Es difícil conversar con el Sol, fui andando de un lado a otro hasta lograrlo. Solo converso con él cuando se interpone una nube. Trabajo con cualquier barro, converso con él y la pieza sale. Si el barro está débil, él habla, dice hacia dónde va, de dónde viene.

1. Mujeres y loros. Barro cocido y pintado.
Autores: ceramistas diversos.
Altura: 40 a 74 cm.
Origen: Fanado e Turmalina,
Estado de Minas Gerais.

2. Figura. Barro cocido y pintado.
Autor: anónimo.
Altura: 35 cm.
Origen: Turmalina, Estado de Minas Gerais.

3. Sopera. Barro cocido y pintado.
Autor: Rita Gomes Xavier.
Altura: 25 cm. Ancho: 32 cm.
Origen: Turmalina, Estado de Minas Gerais.

4. Cabezas. Barro cocido y pintado.
Autor: Jacinta.
Altura: 36 cm. Ancho: 20 cm.
Origen: Turmalina, Estado de Minas Gerais.

5. Niño barrigudo. Barro cocido y pintado.
Autor: João Pereira de Andrade.
Altura: 50 cm. Ancho: 18 cm.
Origen: Santana do Araçuai, Estado de Minas Gerais.

6. Sirena. Barro cocido y pintado.
Autor: Delmira.
Largo: 61 cm.
Origen: Santana do Araçuaí, Estado de Minas Gerais.

La Luna domina el barro. En la Luna menguante a veces se torna débil, en la luna nueva, la energía es demasiada, las piezas explotan, estallan.

La Luna lo domina todo.

El lugar en donde trabajo es un santuario, aquí ocurre un milagro, un misterio, las piezas nacen, aquí hay cosas invisibles, hay una especie de respiración. Aquél que entra aquí, si se queda descalzo por más de una hora, no duerme y si es atento, aprende, se vuelve artista. Crear, inspirar oxígeno y energía. El cuerpo, los pies andando sobre la tierra, absorben esta energía que hace hacer las piezas. Yo saco energía de las estrellas, de la tierra. Sin animal y sin planta la energía se va perdiendo.

La estrella cura.

Ulisses Pereira Chaves
Entrevista concedida a Cesar Aché (julio de 1989)

7. Casa *sertaneja*, cazador y mujer.
Esculturas talladas en madera, representando la vida en el agreste.
Autor: José Domingos dos Santos.
Altura: 45 cm (casa); 85 cm (figuras).
Origen: Joaíma, Estado de Minas Gerais.

8. Mujer, árbol y gallo. Barro cocido y pintado.
Autor: Ana do Baú.
Altura: 21 cm (gallo); 35 cm (árbol); 59 cm (mujer).
Origen: Minas Novas, Estado de Minas Gerais.

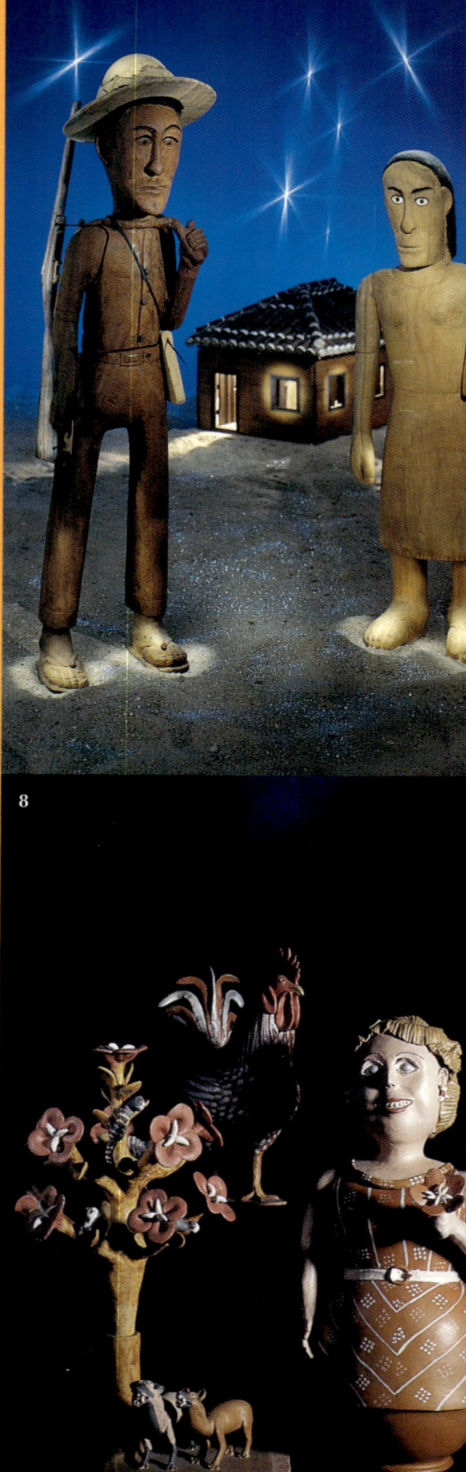

1
2
3
4
5
6

Gallina del cielo o pavo real. Barro cocido, cemento y madera pintados.
Autor: Eugênia da Silva.
Altura: 76 cm.
Origen: São José dos Campos, Vale do Paraíba, Estado de São Paulo.

Página siguiente:

Lluvia de pájaros.
Altura: 62 cm.

Nossa Senhora das Flores.
Nossa Senhora Aparecida.
Altura: 25 cm.

Arca de Noé.
Altura: 20 cm. Largo: 40 cm.

Pavo real blanco.
Altura: 15 cm.

Niños jugando.
Altura media: 8 cm.

Trabajos domésticos.
Altura media: 15 cm.

Barro no cocido pintado.
Autores: Luiza, Cândida y Edith Santos.
Origen: Taubaté, Vale do Paraíba, Estado de São Paulo.

Figureras de Taubaté

Con un pasado pleno de tradiciones y manifestaciones folclóricas, Taubaté se distingue en el arte ceramista, a través de sus figureras que con manos ágiles aliadas a mucha sensibilidad y humor, van moldeando el barro y creando pequeñas figuras que representan su estilo de vida, costumbres, animales, creencias y fiestas – religiosas y profanas.

La Calle de la *Imaculada Conceição*, en el Alto de São João, abriga gran número de figureras. Al estar lejos del movimiento central de la ciudad y no poseer muchos recursos, el arte sencillo de esa gente fue preservado de las modas, manteniendo la ingenuidad de sus características primitivas.

Entre las principales figureras se destacan las hermanas Luiza, Cândida y Edith, nacidas con el apellido Santos. Las piezas de Luiza muestran jolgorios infantiles: niños hamacándose, saltando la cuerda o jugando a la rayuela, además de las danzas folclóricas, en especial las cuadrillas, las danzas de las campesinas y de la cinta.

Las pequeñas figuras de vida cotidiana demuestran sus usos y costumbres, como las vendedoras de gallinas, jardineros, planchadoras, lavanderas, leñadores, mujeres machacando en el mortero, mezclándose a los animales que hacen parte de ese mundo encantado: familias de gallinas de Guinea, vaca, burrito, gallo y el más famoso de ellos, el pavo real.

Especialidad de Cândida que ha creado cuatro modelos, inspirada en un pavo real que existió en la Plaza del Mercado de Taubaté: el pavo real de cola levantada, el pavo real de cola caída, el pavo real en relieve y el pavo real recubierto con plumas de gallina.

La alegoría va en un creciendo hasta explotar en la Lluvia de Pájaros que se ha incorporado al universo creador de los artistas, en donde los límites entre lo real y lo fantástico se han diluido en medio a las tintas de colores vivos y al barro ablandado dulcemente con los dedos.

Los santos más encontrados, además de la Sagrada Familia, son: Santo Antonio, San Francisco hablando a los pájaros y Nuestra Señora de las Flores, una sublime creación de Edith, que la idealizó basada en los versos de una canción que su padre cantaba en los presepios.

Maria Aparecida Ribeiro de Almeida

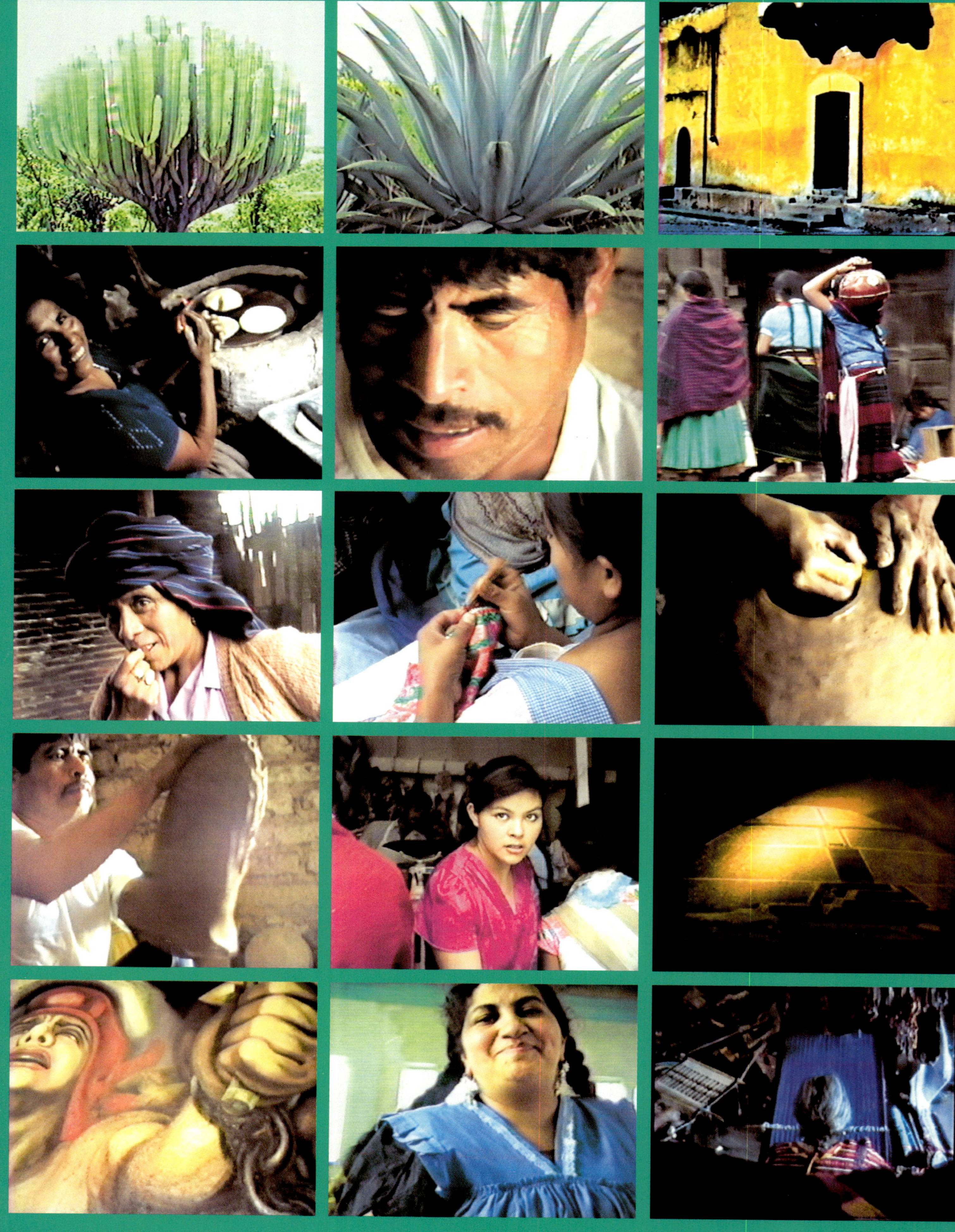

El México profundo resiste apelando a las estrategias más diversas según las circunstancias de dominación a que es sometido. No es un mundo pasivo, estático, sino que vive en tensión permanente. Los pueblos del México profundo crean y recrean continuamente su cultura, la ajustan a las presiones cambiantes, refuerzan sus ámbitos propios y privados, hacen suyos elementos culturales ajenos para ponerlos a su servicio, reiteran cíclicamente los actos colectivos que son una manera de expresar y renovar su identidad propia; callan o se rebelan, según una estrategia afinada por siglos de resistencia.

Guillermo Bonfil Batalla
México Profundo: una Civilización Negada
(México: Secretaría de Educación Pública/Centro de Investigaciones y Estudios Superiores en Antropología Social, 1987)

Al preguntársele a Hernán Cortés cómo era México, tomó un pergamino, lo estrujó en su mano y, al soltarlo, dijo: «así es México». La explicación era verídica; las cordilleras de Sierra Madre Occidental y Oriental recorren México de Norte a Sur y encierran la altiplanicie central; otras cordilleras menores forman estribaciones perpendiculares a aquéllas. La costa del Pacífico es escarpada, con grandes acantilados y de difícil acceso, la del Atlántico es más suave, de zonas arenosas en el Golfo de México; en ella están los puertos más importantes. México tiene cerca de 96 millones de habitantes (1998) y es el segundo país más poblado de América Latina. Su extensión territorial es de casi 2 millones de km^2. La población aborigen, 25% del total, está formada por unos 56 subgrupos, cada uno de características propias y con diferencias lingüísticas.

Marta Ribalta
Arte Popular de América de Francesc Català Roca
(Barcelona: Editorial Blume, 1986)

Alfarero – *Zuquichiuhqui*

El buen alfarero:
pone esmero en las cosas,
enseña al barro a mentir,
dialoga con su propio corazón,
hace vivir a las cosas, las crea,
todo lo conoce como si fuera un tolteca,
hace hábiles sus manos.

El mal alfarero:
torpe, cojo en su arte, mortecino.

Texto de los informantes de Sahagún
traduzido del nahuatl para el español
por Miguel León-Portilla

Alfareria

La alfarería es un arte antiquísima que se remonta hasta la revolución neolítica, cuando tuvo lugar el cambio del estado cultural del hombre, de cazador y recolector a productor de alimentos. Desde entonces ha seguido usando el mismo material, a veces contando con mayores adelantos técnicos, otras resistiendo la aparición cada vez mayor de recipientes de otros materiales, principalmente los de producción industrial; sin embargo, la alfarería sigue siendo el arte de todos los pueblos.

En América, en parte de nuestro territorio, la cultura mesoamericana desarrollaría una alfarería amplia y rica durante unos veinte siglos.

En ese período los indígenas mesoamericanos hicieron cerámica de innumerables formas, para usos distintos.

Desde sus primeras expresiones cerámicas se advierte su inclinación hacia la creación de piezas de belleza plástica.

Concientes los mesoamericanos de la nobleza del material que manejaban, y habiendo practicado largamente la técnica de su producción, se dieron a la tarea de crear, con el barro, las formas que necesitaban para el uso cotidiano; pero también las especiales que servían para ofrenda a las deidades.

Con el tiempo, la alfarería se convirtió en ocupación completa, y fue cuando las formas y sus decoraciones se mutiplicaron y fueron extraordinariamente bellas. Los variados estilos a los que llegaron se identifican espacial, temporal y estéticamente con cada uno de los pueblos que integraron la cultura mesoamericana. Cuando llegaron los españoles, a quienes practicaban el oficio se les consideraba como toltecas, es decir, como artistas, según otro de los significados del vocablo.

Carlos Martínez Marín
"La Alfarería" capítulo del libro *Arte Popular Mexicano*
(México: Editorial Herrero, 1975)

Cerámica azul con ajo y cebollas.
Decorada según la técnica de la mayólica antigua.
Autor: anónimo.
Diámetro medio de los platos: 22 cm.
Origen: San Pablo del Monte,
Estado de Tlaxcala.

Piña de cerámica.
Barro vidriado trabajado y moldeado a mano.
Autor: anónimo.
Altura 78 cm. Diámetro: 40 cm.
Origen: Patamban, Estado de Michoacán.

Porrón. Barro cocido utilizado
para almacenar agua.
Autor: grupo Purepecha.
Altura: 1,40 m. Diámetro: 65 cm.
Origen: Cocucho, Estado de Michoacán.

Virgen de Guadalupe.
Cerámica negra metalizada.
Autor: Daniel Salas.
Altura 32 cm.
Origen: San Bartolo de Coyotepec, Estado de Oaxaca.

Rana. Cerámica negra metalizada.
Autor: Daniel Salas.
Altura 23 cm.
Origen: San Bartolo de Coyotepec, Estado de Oaxaca.

Loza. Barro cocido y vidriado de color verde ennegrecido, conocido como *petatillo.*
Autor: Jovita Hill.
Diámetro plato mayor: 32 cm. Altura jarra mayor: 26 cm.
Origen: Patamban, Estado de Michoacán.

En cima:

Virgen y platos. Loza de barro cocido.
Autor: Peña de Arriba.
Diámetro platos: 24 cm. Altura vírgenes: 25 e 37 cm.
Origen: Tzintzuntzán, Estado de Michoacán.
Bandeja. Madera laqueada (al fondo).
Autor: anónimo.
Ancho: 63cm
Origen: Olinalá, Estado de Guerrero.

Página siguiente:

Cantarillos. Potes de cerámica de coloración negra, con metalización obtenida a través de una técnica tradicional.
Autor: Juan Galán López.
Alturas: 18 cm, 33 cm, 35 cm.
Diámetro. 22 cm, 25 cm, 30 cm.
Origen: San Bartolo de Coyotepec, Estado de Oaxaca.

La bonita y peculiar coloración metalizada de la cerámica negra mexicana se consigue a través de una antigua técnica llamada "reducción de aire", que consiste en tapar la boca del horno, cubriéndola con tierra, después de quemar completamente la pieza. Esto provoca la reducción del oxígeno en el interior del horno, creando ese color negro metalizado. Sin embargo, es preciso conocer el momento exacto en el que se ha de tapar la boca del horno para que la pieza de arcilla oscurezca sin partirse.

La técnica antigua, difícil y delicada, está siendo sustiuida, día a día, por el uso del grafito (sustancia fuertemente cargada de metales de plomo y altamente tóxica para el artesano y el ambiente) con la cual es posible conseguir más fácilmente un color negro brillante. Esta técnica, sin embargo, no permite obtener la bella apariencia metalizada de la técnica tradicional.

Iglesia. Barro cocido y pulido.
Autor: Herón Martínez.
Altura: 74 cm. Ancho: 63 cm.
Origen: Acatlán, Estado de Puebla.

Candeleros y Candelabros

La cerámica ceremonial que sirve para el culto religioso popular, se produce especialmente para tres conmemoraciones: Corpus Christi, los Santos Difuntos y la Navidad. Para la primera se hacen mulitas y pequeñas figurillas de barro; para la segunda, incensarios para el copal y candeleros para velas, que se ponen en la ofrenda doméstica; y para la tercera, figurillas modeladas para el Nacimiento. Las obras ornamentales son un género que la demanda ha impuesto a los alfareros y las hacen partiendo de los modelos ceremoniales. Este género es una "muestra de la tradición artesana y de su repetido esfuerzo para sobrevivir".

Para Todos los Santos y Difuntos modelan candeleros de color negro vidriado, especiales para los difuntos "grandes"; mientras que los pequeños sahumerios son para los difuntos "chicos".

Son policromados, pintados después de la cocción con pinturas vinílicas que han sustituido a las tierras al temple. Para la Navidad hacen figuras para el Nacimiento, modeladas y también pintadas con vinílico. De loza ornamental hacen muchas formas novedosas, entre las que se destacan los candeleros de vivo colorido. Estos los produce principalmente en su taller Herón Martínez, y se derivan de candeleros ceremoniales; Martínez también hace piezas que son verdaderas esculturas con las que representa escenas como la creación del mundo o el diluvio universal. Sus obras son creaciones de mayor dimensión y trascienden la localidad.

Carlos Martínez Marín
"La Alfarería", capítulo del libro *Arte Popular Mexicano*
(México: Editorial Herrero, 1975)

Candelero: Hojalata y vidrio.
Autor: anónimo.
Altura: 30 cm. Ancho: 9 cm.
Origen: Estado de Oaxaca.

Candelabro-pavo real. Barro cocido y pulido.
Autor: Herón Martínez.
Altura: 1,17 m. Ancho: 96 cm.
Origen: Acatlán, Estado de Puebla.

Candelabro: Barro modelado y pulido.
Autor: anónimo.
Altura 43,5 cm.
Origen: Acatlán, Estado de Puebla.

Candelabro-diablo. Barro cocido.
Autor: Herón Martínez.
Altura: 1,07 m. Ancho: 60 cm.
Origen: Acatlán, Estado de Puebla.

Candelabros-espejo. Hoja ata recortada y espejos.
Autor: anónimo.
Altura: 3 a 48 cm. Ancho: 22 a 30 cm.
Origen: Estado de Oaxaca.

Candelabro zoomorfo y cántaro. Barro cocido y pulido.
Autor: anónimo.
Altura 24 cm. Ancho: 27 cm.
Origen: Acatlán, Estado de Puebla.

Candelabro decorado con calaveras y esqueletos.
Autor: anónimo.
Alto y ancho: 65 cm.
Origen: Izúcar de Matamoros, Estado de Puebla.

El Árbol de la Vida

El árbol de la vida es un canto a la vida. El mundo está abajo, poblado de un sinfín de ángeles que terminan en un Dios Padre con su Hijo y el Espíritu Santo con su palomita, que representa también a la naturaleza prolija, la que nos da frutos – en el caso de México, los nopales –, nos da los animales, y muchas de las cosas que el pueblo usa.

En él se ve la influencia prehispánica de la figura del Sol, el Sol que representa a Quetzalcoatl, la serpiente emplumada, dios de la vida. Este sol no fue puesto por mero capricho; sin sol no habría vida, porque la vida es luz.

Los árboles de la vida son hechos en una región donde crecen cactus de todos los tipos y de todas las formas y siguen, espontáneamente, la multiplicidad de estas formas naturales. La ligación entre el medio ambiente y los pueblos con sus culturas da validez a cada una de las cosas hechas.

Teresa Pomar

Candelabro Árbol de la Vida. Barro policromado sobre estuco, representa el origen de la vida en el Paraíso.
Autor: Herón Martínez.
Altura: 1,60 m. Ancho: 1,30 m.
Origen: Acatlán, Estado de Puebla.

Página siguiente:

Candelabro Árbol de la Vida. Barro cocido, pintado con tintes vegetales y aplicación de pastillajes.
Autor: anónimo.
Altura y largura: 85 cm.
Origem: Izúcar, Estado de Puebla.

Textiles

Una bella y variada tradición textil y el lenguaje autóctono son dos de las expresiones más fieles de la cultura indígena en nuestros días. Ambas están entrañablemente ligadas al sincretismo indocolonial, el meollo de la vida familiar, religiosa y política de sus comunidades, de su sistema de valores y de su cosmovisión. Pero, ante todo, el traje tradicional es un símbolo de identidad y de cohesión, que identifica a su dueño como miembro de una comunidad y aun de un grupo étnico o de un área cultural.

Bárbara Dalgren-Jordán
"*Las Artes Textiles*"
capítulo del libro *Arte Popular Mexicano*
(México: Editorial Herrero, 1975)

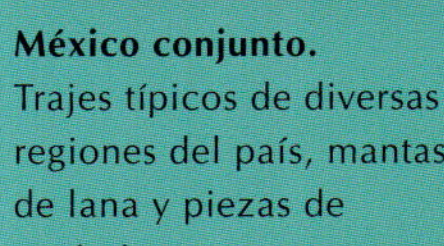

México conjunto.
Trajes típicos de diversas regiones del país, mantas de lana y piezas de cerámica.

Páginas anteriores:

Iglesia rosada. Barro crudo policromado sobre estuco.
Autor: anónimo.
Altura: 76 cm. Ancho: 38 cm.
Origen: Metepec, Estado de México.

Sol. Barro crudo policromado sobre estuco.
Autor: anónimo.
Diámetro: 55 cm.
Origen: Metepec, Estado de México.

Miniaturas. Barro crudo modelado y pintado.
Autor: familia Aguilar.
Altura: 10 a 56 cm.
Origen: Metepec, Estado de México.

Laca

Bandeja. Madera laqueada con la técnica del rayado.
Autor: anónimo.
Ancho y largo: 40 cm.
Origen: Olinalá, Estado de Guerrero.

Bandeja. Madera decorada con la técnica del dorado.
Autor: anónimo.
Ancho: 44 cm. Largo: 73 cm.
Origen: Pátzcuaro, Estado de Michoacán.

La laca es una pintura con la que se decoran artísticamente objetos de madera o de calabaza para el uso cotidiano o para fines ornamentales. Las técnicas de aplicación pueden resumirse en dos: la del rayado y la del dorado.

Una primera fase, la preparación de la madera o corteza vegetal, es común en las dos técnicas; se realiza impermeabilizando la porosidad del material, mezclando aceite de linaza o chía con ocre de limonita. Se fabrica después el material que dará consistencia a la laca, se bruñe e inmediatamente se añade la mezcla con el color de base; es importante dar brillo a esta capa y, antes de aplicar la siguiente, con el mismo procedimiento en el caso de la técnica del rayado, deben transcurrir de 10 a 15 días para que concluya el secado. El rayado se efectúa sobre la segunda capa de color, cuando aún está fresca; el útil es una espina vegetal engarzada a una pluma de guajalote.

Los motivos suelen ser florales o animales, siendo el más típico entre los últimos el conejo. Existe cierta tradición en los colores: las combinaciones más usuales son las de fondo rojo con rayado negro y las de fondo azul con rayado blanco.

La técnica del dorado debe su nombre a que antiguamente los objetos se decoraban con plata u oro en hoja, además de los dibujos hechos al pincel. Lo más característico de esta técnica es la preparación de los colores hecha *in situ* según un antiguo procedimiento a base de una mezcla de minio, ocre de limonita (para favorecer el secado) y aceite.

En términos generales estas técnicas son las mismas en todos los centros productores de lacas. Lo que sí diferencia a los centros artesanales es el tipo de piezas que se elaboran.

Carlos Espejel
"México" capítulo del libro *Arte Popular de América* de F. Català Roca (España: Editorial Blume, 1981)

Página anterior.

Calabaza. Decorada con laca rayada.
Autor: anónimo.
Altura: 32 cm. Diámetro: 19 cm.
Origen: Olinalá, Estado de Guerrero.

Calabaza. Decorada con laqueado.
Autor: anónimo.
Altura: 30 cm. Diámetro: 23 cm.
Origen: Olinalá, Estado de Guerrero.

Platos. Laca incrustada con dibujo hecho a mano.
Autor: etnia Purepecha.
Origen: Uruapán, Estado de Michoacán.

Helicóptero y juguetes
Madera y calabazas laqueadas.
Autores: anónimos.
Altura: helicóptero 19 cm; juguetes 18 cm.
Origen: Temalacatzingo, Estado de Guerrero.

Cerámica fantástica de Ocumicho

Surgen la fantasía y el surrealismo en las dantescas figuras de Ocumicho (Michoacán) en las que el artista parece trasladar al barro la pesadilla de un desesperado o de un demente, copiando la terrible imagen de monstruos o demonios, de colores negros, rojos, amarillos, con adornos en blanco y cuernos dorados. Son como engendros que se devoran a sí mismos, mostrando serpientes enroscadas o saliendo por su boca. En estas figuras el colorido brillante y agresivo completa el terrífico e impresionante impacto que el observador recibe.

Francisco Javier Hernández
"El Juguete popular"
capítulo del libro *Arte Popular Mexicano*
(México: Editorial Herrero, 1975)

Cerámica fantástica.
Barro cocido y pintado.
Autores: anónimos.
Altura: 12 a 40 cm. Ancho: 6 a 18 cm.
Origen: Ocumicho, Estado de Michoacán.

Máscara de Carnaval. Madera de ayacahuite, tallada y pintada al óleo; ojos de vidrio acentúan el tono realista. Autor: anónimo. Altura: 25 cm. Ancho: 18 cm. Orígenes: variados.

Página anterior:

Máscara. Vaqueta moldeada con aplicaciones de pelo y cerdas y esmerada pintura; usada en Carnaval. Autor: anónimo. Altura: 33 cm. Ancho: 20 cm. Origen: Huejotazingo, Estado de Puebla.

Páginas siguientes:

Máscaras diversas. Esculpidas en madera, moldeadas en papel maché, pintadas o decoradas. Autores: anónimos. Altura media: 25 cm. Orígenes: diversos.

Existen pueblos en México donde todavía no se perdió el valor original que se le daba, antiguamente, a la máscara; siguen considerándola un objeto sagrado, por ello las depositan en las sacristías de las iglesias, en la casa del alcalde del pueblo o en la presidencia municipal, para custodiarlas hasta el momento de usarlas nuevamente.

Estela Ogazón

Máscaras

El hombre adopta la máscara con rasgos de los dioses: se cubre con ella el rostro e inmediatamente empieza a representar convirtiéndose en su manifestación física sobre la tierra.

Demétrio Sodi

La muerte y el dí[a]
de los muertos

Cráneo con lechuza. Papel maché pintado.
Decoración para la Fiesta de los Muertos.
Autor: anónimo.
Altura: 68 cm.
Origen: Ciudad de México, Estado de México.

El mexicano vive al lado de la muerte que le acompañará hasta el fin de su vida, aunque la teme y respeta profundamente. Establece con la muerte una relación casi amistosa, de fina ironía y aun de burla, quizá para familiarizarse y hasta congraciarse con ella.

Para los mexicanos el culto a los muertos no es, pues, lo mismo que el culto a la muerte, tiene un significado especial: es un recuerdo del antepasado, del ancestro que nos dio la vida.

La muerte es un fenómeno del cual no puede escapar ningún ser viviente. Preferimos, así, tener amistad, jugar con ella en lugar de entristecernos y enojarnos con ella.

Pero hay otra cosa atrás de este sentimento que permea a todos los mexicanos, sean de cualquier grupo étnico o de cualquier extracción social, algo que heredamos de nuestros antepasados indígenas. Para el indígena pre-hispánico no existe castigo después de la muerte.

La muerte es, simplemente, un estado. Para los antiguos la muerte era una cosa tan natural como la vida, es decir, la vida trae implícita a la muerte. Todo aquel que nace tiene que morir, pero también todo aquel que muere deja una semilla que es lo que perpetuará la vida. En la cosmovisión de estos grupos, la vida y la muerte son dos aspectos del mismo proceso.

Por eso en los días dedicados al culto de nuestros antepasados, hacemos calaveras de dulce y nosotros las comemos, y juguetes de muertos con los que juegan nuestros niños y que a nosotros no nos horrorizan.

Entonces esto aquí es la *fiesta de los muertos para los vivos y no una fiesta de los vivos para los muertos*.

Quizás viene del respeto hacia los seres humanos que nos hicieron, a los que nos dieron vida, una cultura, un pueblo por el que luchar, por el que vivir.

Teresa Pomar

Calavera de azúcar. Pasta de azúcar aromatizada. Confeccionados en moldes de barro y decorados con confites multicolores, estos dulces se ofrecen para la Fiesta de los Muertos.
Autor: anónimo.
Altura: 20 cm.
Origen: Mecaltepec, Estado de México.

Calavera Catarina. Papel maché pintado. Imagen de la muerte y sátira social, su boa de plumas representa, paradógicamente, a la serpiente Quetzalcoatl, divinidad de la vida.
Autor: Felipe Linares.
Altura: 1,30 m. Largo: 1,70 m.
Origen: Ciudad de México, Estado de México.

Saulo Ramos, ¿tiene Ud. una amistad con la muerte?

Más bien, un cariño hacia la muerte, que no es la muerte en realidad, porque la muerte física es otra cosa, es tremenda. Es un gusto de trabajar con la muerte, pudiendo hacerla como nos convenga, hacerla de mil formas.

Tal vez sea una cosa del país, verdad, de la nacionalidad, de la raza.

La muerte real contiene tristeza.

La muerte es ausencia.

Para mí la muerte física, más que física es el vacío que nos deja aquella persona que nos ama y que está junto con nosotros. Lo que hago es una representación de la muerte que toca lo cotidiano.

Tal vez sea ese, su trabajo, una manera de conquistar a la muerte, ¿no?

Pues de tenerla tal vez, de hacerla, antes de que ella nos haga a nosotros.

Convivir con ella es como romper el misterio que es la muerte. Creo que al estar haciéndola, me acerco a ella, la disfruto sin que todavía me toque a mí.

La vivo porque seguramente cuando me toque, pues ni cuenta me voy a dar...

Conversación entre Maureen Bisilliat y Saulo Ramos, creador de calaveritas de alambre.

Los Caballeros del Apocalipsis

El artista popular imprime con frequencia a sus creaciones zoomorfas, perfiles, actitudes y matices psicológicos que las identifican con la humanidad, verdaderos estados de ánimo, a través de simples, pero definidos gestos de humorismo, ironía, tristeza y optimismo.

Hechos de papel maché, con una sofisticada elaboración, se destacan las creaciones de la familia Linares: Los Caballeros del Apocalipsis y los *alebrijes*, figuras híbridas de animales con los que los artesanos dieron vuelo a su imaginación.

Teresa Pomar

Caballeros del Apocalipsis.
Papel maché pintado.
Autor: Felipe Linares.
Altura: 1,08 a 1,17 m.
Largo: 85 a 1,77m.
Origen: Ciudad de México,
Estado do México.

Páginas siguientes:

Alebrijes. Papel maché pintado.
Autor: Felipe Linares.
Altura: 50 a 86 cm.
Ancho: 65 a 88 cm.
Origen: Ciudad de México,
Estado de México.

¿Estos *alebrijes* son una tradición mexicana?

Bueno, somos nosotros los creadores de los alebrijes.

Y la palabra *alebrije*, ¿la ha soñado Ud.?

Al pensar qué nombre dar a estos animales hemos inventado el nombre *alebrije*. Pues son animales imaginarios no más, o sea que existen tan sólo en la imaginación. Todos conocemos a los dinosaurios y otros animales gigantes que tal vez hayan existido, pero así como estos yo pienso que no, ¿verdad?

Un pescado que no es pescado, al que se le ponen patas, manos; animales que vuelan, nadan y se lastiman. Esto es como un arte, no más.

Felipe Linares quien, con sus hijos
Leonardo, David, María Elena y Felipe, hacen los alebrijes.

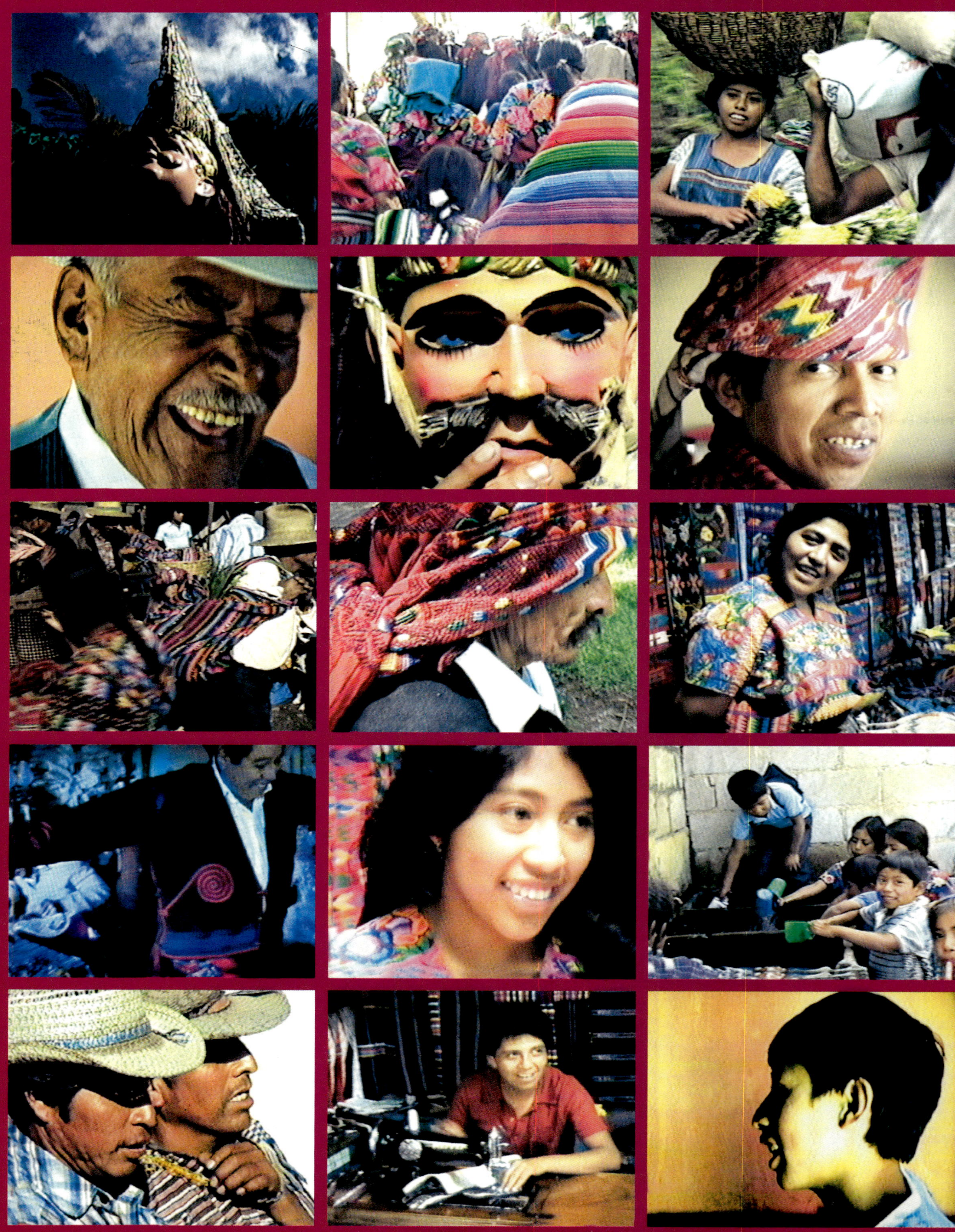

¡Que aclare!
Que amanezca en el cielo y en la tierra,
no habrá gloria ni grandeza
hasta que exista la criatura humana;
el hombre formado.

Popol Vuh
El libro sagrado de los antiguos Mayas,
escrito en la lengua de los quichés.

GUATEMALA

Guatemala es el país más extenso de América central; cubre una superficie de cerca de 109 mil km^2 que abriga una población de más de 11 millones de habitantes (1998), de los cuales el 60% es de origen indígena. Posee una ubicación privilegiada: limita con los Océanos Pacífico, Atlántico y con México, Honduras y El Salvador.

En la Cordillera de los Andes, que atraviesa su territorio, se encuentran 33 volcanes, de los cuales 3 están en actividad. La lengua oficial es el español, sin embargo se hablan 22 dialectos aborígenes como el mam, el kekchí y el quiché en diferentes regiones del país.

El príncipe indígena ***Tecún Umán***

El pájaro ***Quetzal***

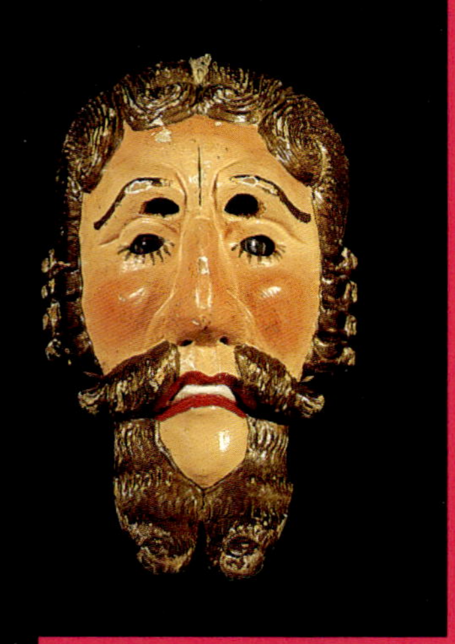

El capitán español
Pedro de Alvarado

Máscaras. Personajes del Baile de la Conquista. Madera policromada. Autores: anónimos. Altura media: 28 cm. Origen: Chichicastenango, Departamento de Quiché.

Página siguiente:

Trajes del Baile de la Conquista.
Origen: Chichicastenango, Departamento de Quiché.

Foto menor
Trajes del Baile de la Conquista.
Pendiendo del techo, un barrilete de 4 m.
Autor: Daniel Choxin.
Origen: Santiago de Sacatepéquez, Departamento de Sacatepéquez.

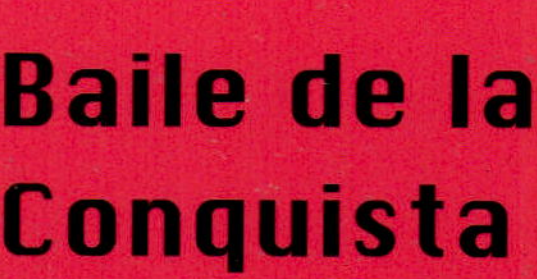

Baile de la Conquista

Baile ritual que representa la lucha personal que sostuvieron el capitán español Pedro de Alvarado y el príncipe indígena Tecún Umán. Se realiza en la plaza principal del pueblo, el día de la Patrona de la ciudad. Los indígenas representan invasores e invadidos. Ricamente vestidos a la manera de los conquistadores (conforme a la tradición oral), con máscaras de madera de ojos celestes y rizos rubios. El príncipe, también con rica ropa, pero moreno y de ojos negros.

Dramatizan la llegada de los españoles a caballo, y luego, a pleno sol, comienza la danza, muy lenta y que dura tres días. Finaliza con la muerte del jefe indio. El pájaro quetzal, que simbólicamente asiste a toda la lucha junto a Tecún Umán, al morir éste perderá su libertad. Las comunidades más tradicionales sostienen que el pueblo maya volverá a reinar en Guatemala, y entonces el quetzal los acompañará en su vida diaria, todos en libertad.

Sara Facio
Actos de Fe en Guatemala
(Buenos Aires: La Azotea Editorial, 1980)

Máscaras

El proceso de mestizaje cultural en Guatemala es de una riqueza e intensidad espectaculares, como lo demuestran su folklore, el colorido de sus trajes, la variedad de sus danzas, y particularmente la diversidad y belleza de sus máscaras.

Los materiales utilizados son innumerables: corteza de árboles , madera, mosaico, piedra, cuero, textiles, metal, cerámica, hueso, cartón, caparazones de ciertos animales, entre otros. Algunas requieren armazones por sus dimensiones o características peculiares; muchas llevan aditamentos tales como pelo, pieles, vidrio, mosaico. Pueden ser de diversos tipos: humano, animal, de una mezcla de ambos, divino, fantástico y de outras variedades. En ciertos casos las usan sociedades secretas con símbolos proprios.

Luis Luján Muñoz
Máscaras y Morerías de Guatemala
(Guatemala: Museo Popol Vuh/Universidad Franscisco Marroquín, 1987)

Páginas 68 a 71:

Máscaras de Guatemala.
Autores: anónimos.
Altura: 20 a 50 cm.
Orígenes: diversas.

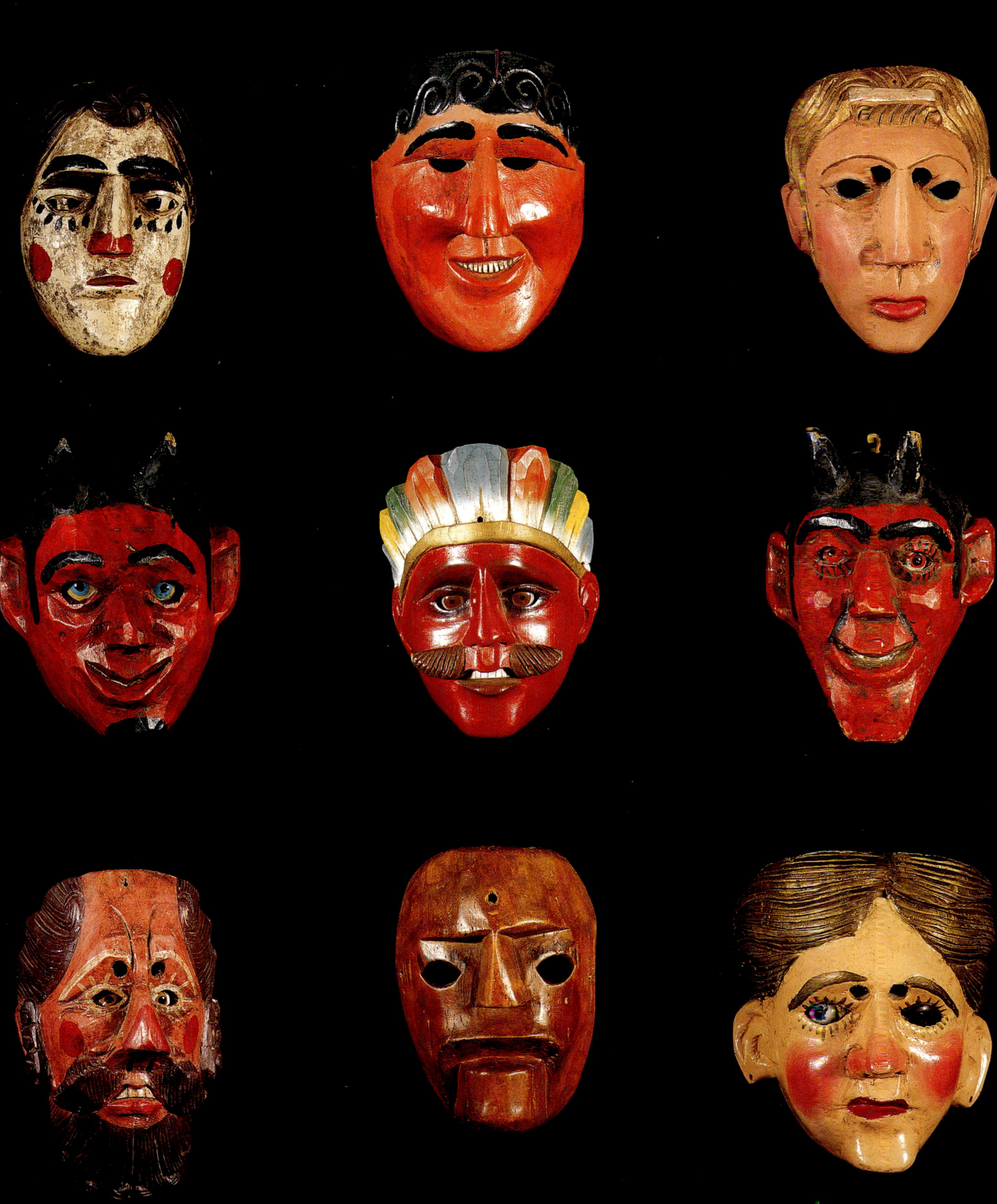

Barriletes

La leyenda de los barriletes

Durante los meses de octubre y noviembre se elaboran pequeños barriletes en toda Guatemala y se echan a volar sin mayor esfuerzo como un mero entretenimiento. En Santiago Sacatepéquez, los barriletes gigantes, en cambio, encierran un significado que la gente del lugar trata de preservar a toda costa y se ajustan a una leyenda que no pierde su esencia aunque la relaten de mil maneras.

La narración oral establece que hace mucho tiempo, en el Día de Difuntos, el Cementerio de Santiago Sacatepéquez era invadido por los malos espíritus, quienes se empeñaban en provocar a los espíritus buenos y por consiguiente alteraban su eterno descanso. Obligadamente los espíritus buenos deambulaban ese día por toda la población pidiendo ayuda.

Como tales molestias se repetían año a año, los *principales* de la población empezaron a preocuparse. Según su opinión, era conveniente prestar ayuda a los espíritus buenos, pero ¿cómo lograr que éstos permanecieran en las tumbas con la seguridad de que los malos espíritus no volverían a fastidiarlos jamás?

Recurrieron pues al brujo indígena que conocía el secreto y éste les dijo que el ruido del aire al chocar con papeles disgustaría a los espíritus perversos obligándolos a alejarse.

Habiendo encontrado la manera de ahuyentarlos, los *principales* acordaron llevar a la práctica el consejo del brujo antes del Día de Difuntos, preferentemente en la víspera. Fue así como llegó el día en que por primera vez se elevaron los barriletes gigantes de Santiago Sacatepéquez en el Día de Todos los Santos (1° de Noviembre) pero, como se ha dicho, ni los ancianos recuerdan la fecha precisa en que se originó esta práctica. Nadie ha vuelto a saber de espíritus buenos vagando por las calles de Santiago en demanda de auxilio.

El brujo de la leyenda pudo sugerir que se rezaran novenas o se dijeran misas por el eterno descanso de los buenos espíritus. Sin embargo pensó en algo más tangible, algo que hiciera levantar los ojos al firmamento y ver a la vez la policromía de los barriletes y el hermoso azul del cielo guatemalteco en una de las serranías más frescas del país.

Francisco Morales Santos

Los Barriletes Gigantes de Santiago Sacatepéquez

(Guatemala: Asociación The Editorial Piedra Santa, Serie Conozcamos, número 4)

Página siguiente:

Barriletes. Hechos con pedazos multicolores de papel de seda, suelen presentar imágenes con estampas de origen precolombino, florales o geométricos, llegando a medir hasta 8 m. de diámetro. Autor: Daniel Choxín. Diámetros: 3 a 4 m. Origen: Santiago de Sacatepéquez. Departamento de Sacatepéquez.

Marimba

Mientras más encontramos evidencias del desarrollo y popularidad de la marimba en todos los continentes del mundo; mientras tratamos de descifrar su misterioso origen, más nos convencemos de que en ningún lugar del orbe ha llegado a alcanzar el pedestal de símbolo nacional que tiene en Guatemala. Cabe preguntarnos a qué se debe este fenómeno. Podemos adelantar, por lo menos, algunas razones: en primer lugar, fueron nuestros indígenas los que empezaron a fabricar y ejecutar marimbas. La primera referencia escrita, la describe en manos de descendientes Mayas, los guatemaltecos más antiguos y auténticos que hayan existido.

Ya para 1680 se ejecutaban en Guatemala marimbas de arco, semejantes a las que todavía vemos y oímos en Chichicastenango son semejantes a las *tímbilas* que tocan los Chopis del África. Sabemos que en 1737 se ha popularizado por toda Guatemala la marimba sencilla, o de un solo teclado, con patas, ya sin arco y con resonadores de calabazas *(tecomates)*. Al evolucionar, sin embargo, se empezaron a interpretar en ella extrañas mezclas de ritmos locales y melodías de corte europeo, en especial españolas.

Con el correr del tiempo los indígenas debieron formar orquestas de instrumentos como el *tunkul* o *tun*, diversos tipos de pitos de barro y madera, etc. Surgió el "son chapín", tan guatemalteco como los frijolitos negros, pero extremadamente europeo en melodía. Si bien es cierto que nuestros indígenas lo bailan y lo tocan melancólicamente, en lo melódico y aun lo rítmico, la influencia europea, específicamente la española es decisiva. Como en México, la marimba es un instrumento del pueblo, reina musical de aldeas y caseríos, amenizadora de fiestas y saraos. En Guatemala, todavía es más que eso, es un instrumento que se estudia seriamente en el Conservatorio Nacional. Brillantes músicos han escrito sinfonías para marimba y orquestra.

El musicólogo cubano Fernando Ortiz, considera que el término marimba es de origen bantú, y que "imba" quiere decir "cantar". Y es que, con el *balafón* o marimba, los negros lograron que la selva, en efecto, cantara, lo que no era posible con los tambores que cultivaron. Aún nosotros nos referimos a la marimba como "maderas que cantan", y hasta hay poetas que aseguran que "cantan con voz de mujer".

Carlos H. Monsanto D.
La Marimba (Guatemala: Asociación Tikal / Editorial Piedra Santa, série Conozcamos, número 2)

Marimba

Esqueleto de lluvias
Palo
Teta
Cajón de la luna

Animal del diluvio
Espinazo
Temblor de paloma
Me cantás en el mero rincón
En lo oscuro del cielo
Donde tengo lo triste
Lo negro
Lo más primitivo del alma
Sos mi lujo
Mi amor
Mi legítima esposa.

Luis Alfredo Arango

Marimba de arco.
Instrumento musical tradicional de Guatemala, hecho de calabazas y madera.
Autor: anónimo.
Altura: 55 cm. Ancho: 96 cm.
Largo: 1,80 m.
Origen: Chichicastenango, Departamento de Quiché.

Al fondo:
Blusa bordada a máquina con motivos florales.

Fuga para el Egipto. Miniaturas en barro cocido.
Autor: Florencio Rodenas.
Altura media: 12 cm.
Origen: Antigua Guatemala,
Departamento de Sacatepéquez.

Mortero (*metate*) y pilón.
Piedra volcánica tallada.
Autor: anónimo.
Ancho: 32 cm. Largo: 48 cm.
Origen: Nahualá, Departamento de Sololá.

El maíz

En la mayor parte del continente el alimento básico de los indígenas en épocas anteriores a la conquista, al igual que hoy, fue el maíz, los frijoles y las calabazas, si bien en Mesoamérica, el maíz se prepara de manera distinta. Los granos duros y secos se hierven con cal hasta que el grano se separa de la cáscara. El agua con cal y las cáscaras se botan, se lavan los granos en agua limpia y en seguida se muelen sobre una piedra de moler con otra de mano, hasta obtener una masa homogénea y húmeda, que luego se envuelve en hojas de maíz y se hierve al vapor para formar el *tamal.*

Aun más común es la *tortilla.* Pequeñas cantidades de masa se palmean hábilmente hasta formar delgados panqueques entre las manos. Luego se cocinan, una por una, según se van formando al sonido de gran palmoteo, colocándolas sobre un comal de barro espolvoreado con cal, que, sostenido por tres piedras, descansa sobre las llamas. ¡Son deliciosas! Esta costumbre es tan antigua, que no importa hasta donde lleguen los arqueólogos a desenterrar el pasado de Mesoamérica, con seguridad encontrarán siempre a la piedra de moler con su mano correspondiente.

Por cierto que la molienda de los alimentos básicos es trabajo de la mujer. Hincada, se dobla sobre el *metate* y durante varias horas cada día y todos los días dedica toda la fuerza de su espalda y sus hombros a esta labor. Desde temprana edad, comienza a ayudar a su madre y sigue moliendo hasta ser uma anciana encorvada, que aún se gana su manutención.

Carmen L. Pettersen
Maya de Guatemala: Vida y Traje
(Guatemala: Museo Ixchel de Textiles, 1984)

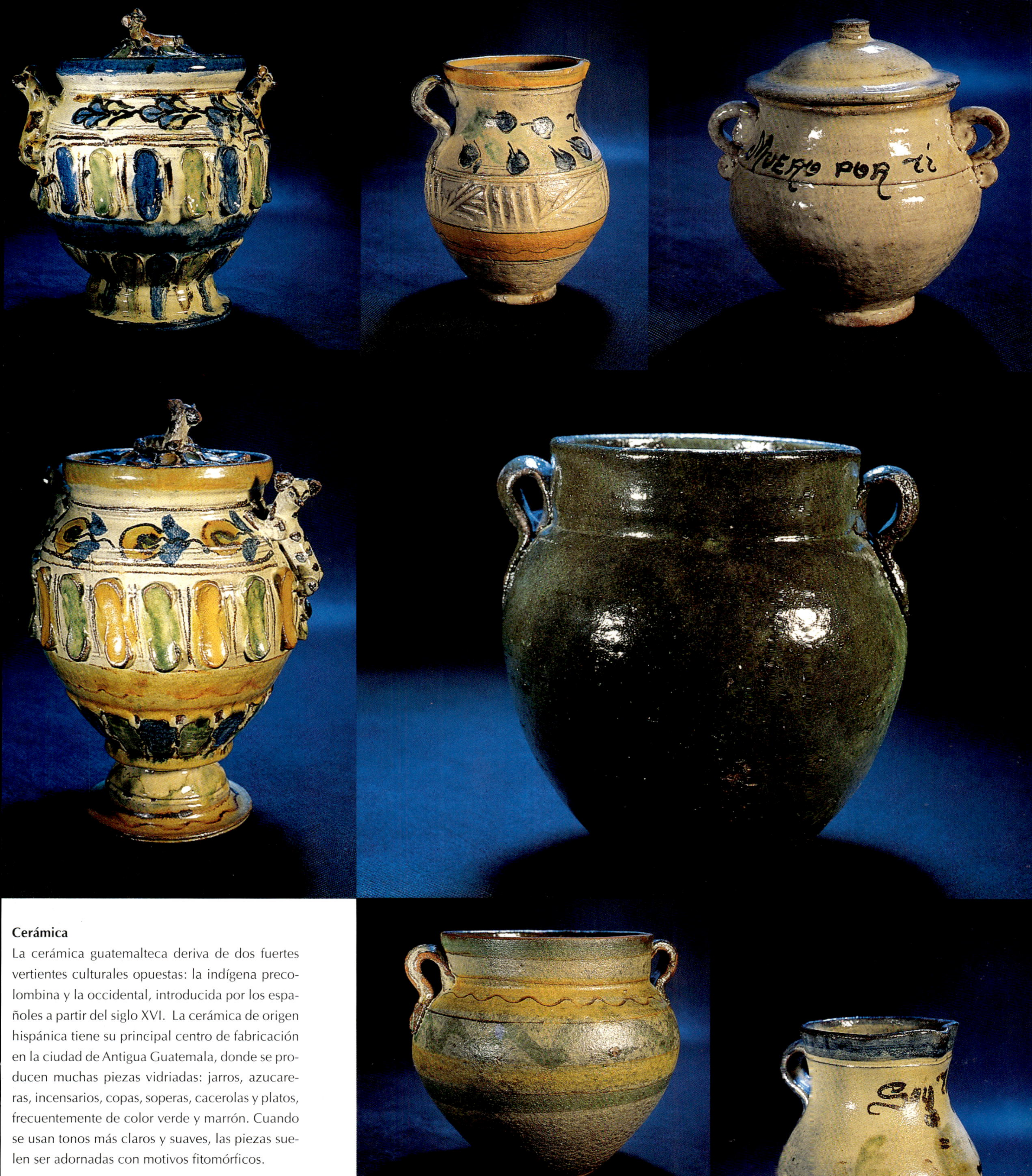

Cerámica

La cerámica guatemalteca deriva de dos fuertes vertientes culturales opuestas: la indígena precolombina y la occidental, introducida por los españoles a partir del siglo XVI. La cerámica de origen hispánica tiene su principal centro de fabricación en la ciudad de Antigua Guatemala, donde se producen muchas piezas vidriadas: jarros, azucareras, incensarios, copas, soperas, cacerolas y platos, frecuentemente de color verde y marrón. Cuando se usan tonos más claros y suaves, las piezas suelen ser adornadas con motivos fitomórficos.

Autor: familia Montiel.
Altura media: 25 cm. Diámetro medio: 20 cm.
Origen: Antigua Guatemala, Sacatepéquez.

Madejas de algodón preparadas con ataduras para la teñitura del *ikat*.
Origen: Salcajá,
Departamento de Quetzaltenango.

Cortes de tejidos y trajes típicos de Guatemala mostrando la técnica del *ikat*.
Procedencia: San Antonio Aguas Calientes,
Departamento de Sacatepéquez.

Ikat o Jaspé

Teñir con ataduras

La técnica altamente desarrollada de teñir con ataduras se practica principalmente en tres lugares del mundo, en Rajputan, India Central; en la Isla de Bali y en Guatemala. Con esta técnica se logra un diseño, generalmente de puntos, pero también en diseños repetidos y zig-zag, empleando un proceso complicado de atar.

Lo característico es que los hilos de la trama o de la urdimbre y frecuentemente ambos, se colorean individual y localmente por teñido de atadura antes de poner la urdimbre: calculándose cuidadosamente la distribución del color en cada hilo, para que el diseño aparezca al tejer la tela, sin otra manipulación que la colocación indicada. Por la distribución esporádica de este método se puede inferir que es una técnica muy antigua, quizás originaria de la India y de Centro América. Sabemos que se practicó extensamente en Guatemala por los Mayas mucho antes de la conquista.

Hoy Salcajá tiene seis veces más ladinos que indígenas; pueblo pequeño, todos sus habitantes están dedicados a teñir y tejer en telares de pie traídos por los españoles y quizás por los soldados mexicanos.

Todos, hombres, mujeres y niños, trabajan en lo mismo, y al pasar por la calle principal se ve a los niños con los brazos azules hasta encima del codo, cargando madejas de algodón teñido para los tejedores. El efecto del color blanco jaspeado del teñido por atadura comienza con la atadura. Los diversos hilos de algodón de una madeja que van a teñirse se atan estrechante con pita, a intervalos, a todo lo largo de la madeja antes de sumergirla en el colorante. En las secciones atadas no penetra el tinte, de manera que cuando se secan y se corta la pita, estas secciones han quedado blancas. La madeja para la trama es corta, mide 60 cm de largo. Primero se estira y se sujeta entre dos vigas pesadas para mantenerla tirante y pareja. Separa el número correcto de hilos que deben atarse juntos, según el ancho del lienzo jaspeado y luego se hacen diez ataduras de 2,5 cm a espacios regulares. Después de teñido y secado, el tejedor espaciará lo blanco para obtener el diseño que desea.

Carmen L. Pettersen
Maya de Guatemala: Vida y Traje
(Guatemala: Museo Ixchel de Textiles, 1984)

Textiles y Colores

Según la mitología maya quiché del nuevo imperio, del 987 a 1697 de nuestra era, Ixchel, la diosa de la luna, consorte de Itzamán el dios del sol, fue patrona de la tejeduría.

La mujer indígena guatemalteca de hoy teje los textiles más finos y bellos en un telar similar de palitos o de cadera, y se le puede ver en el altiplano sentada fuera de su casita, trabajando en su delicada artesanía exactamente como lo hiciera la diosa Ixchel.

La hija de la diosa de la luna y del dios del sol, llamada Ixchebel Yax, es la patrona del bordado. Sabemos que el tejido y el bordado existían en aquellos tiempos lejanos y son herencia de los Maya Quiché.

Sabemos también que se usaron colores para tejer, de los cuales cada uno tiene un significado especial. El negro representa la guerra y las armas, por ser el más semejante a la obsidiana, el vidrio volcánico usado para puntas de lanza y de flecha, y para cuchillos, debido a la falta absoluta de metal. Para obtener este color negro teñían el algodón con palo de campeche de El Petén.

El amarillo representa el maíz dorado, alimento básico, y el tinte proviene de la corteza de un árbol que crece en Huehuetenango. El rojo es el color de la sangre, su intensidad la da el pequeño insecto cochinilla, que vive y se alimenta del nopal, que crece en regiones muy secas. El azul es el color del sacrificio, una planta llamada jiquilete proporciona el tinte. Verde es el color de la realeza y no puede haber nada más verde que las plumas del ave real, el Quetzal, y de los loros verdes que hablan, cuyas plumas usaban y eran monopolio de los reyes.

No estamos muy seguros de cuándo se comenzó a usar el morado o malva, probablemente después que los demás colores, porque para obtenerlo el indígena debía ir hasta las costas del Pacífico y del Caribe, lo que ahora es la República de Nicaragua, para obtener un pequeño molusco del mar. Es el más bello de todos los colores, pero siempre conserva su olor a pescado y a mar cuando se moja.

Para que estos tintes naturales mantuvieran su color había que fijarlos con un mordiente, pero actualmente no sabemos si usaron algo más que sal común.

Huipiles

El huipil ceremonial de la mujer no está cosido debajo de los brazos y se puede extender totalmente, lo que permite ver que las secciones en colores forman una cruz sobre el fondo blanco con un gran sol al centro alrededor de un agujero, por el cual, al ponérselo la mujer, pasa la cabeza. Esta cruz es el *Xucut* de los Quichés, mencionado en el Popol Vuh, es emblema de la vida eterna y a la vez representa los cuatro puntos cardinales, los cuatro vientos y los cuatro caminos. También se decía que la tierra y el cielo estaban divididos en cuatro

Carmen L. Pettersen
Maya de Guatemala: Vida y Traje
(Guatemala: Museo Ixchel de Textiles, 1984).

Página anterior:

Tejido de algodón trabajado en telar manual.
Autor: anónimo.
Ancho: 60 cm. Largo: 1,20 m.
Procedencia: San Antonio Aguas Calientes,
Departamento de Sacatepéquez

Páginas siguientes:

Trajes y huipiles. Bordados con símbolos que indican origen, sexo, edad, posición social y muchas otras informaciones sobre quien lo viste; cada dibujo tiene su significado y proviene de un código cuyos orígenes se encuentran en el período prehispánico.
Autores: anónimos.
Procedencia: San Antonio Aguas Calientes,
Departamento de Sacatepéquez y
Chichicastenango, Departamento de Quiché.

Hermanito Simón, velá por mi casa y mis padres.
Allí te dejo mi candela azul, el guaro, la tortilla y el puro
para que me hagas el favor.
Amén.

Maximón o San Simón

En cualquier cofradía de los pueblos indígenas de Guatemala donde se *adora* al Maximón, la pregunta que formulan los curiosos puede ser la misma: "¿Cree usted en los milagros del Maximón?" Y la mayoría, en forma reverente, contesta que sí. Ahora bien, fuera de los "milagros" que al "Santo Indígena" se le atribuyen, hay un interrogante:" ¿Quién es realmente el Maximón? "¿Cómo llegó a unificar la fe de los indígenas este personaje?" La respuesta se pierde en los cien años de adoración que tiene esta imagen entre la clase indígena de nuestro país y en el impenetrable mundo de los cofrades autóctonos que tienen su custodia. Algunos le señalan como producto de una mentalidad cien por ciento comercial, que lo "inventó" para satisfacer las necesidades urgentes de un grupo étnico marginado, olvidado. La otra versión que se apega más a la realidad, da a entender que el "Santo Indígena" representa, ni más ni menos, el rechazo absoluto de lo impuesto religiosamente al indígena a través de su esclavitud de años. Es, diríamos, el formato de una protesta sublime, espiritual, representada por un "santo" que ellos inventaron, quizás reflejado en uno de sus tantos dioses que su politeísmo ancestral les exige mantener.

Si las religiones existentes, en forma aparente, los han aceptado, pero racialmente los marginan, el Maximón por el contrario los "proteje" y acoge dentro de su nueva "religión", o "grupo". Este "santo" no les discrimina, más aún, les "habla" en su lengua y se identifica plenamente con ellos.

Maximón, San Simón y Judas Iscariote son la misma persona, valga la expresión. Mientras Judas Iscariote, el personaje bíblico que vendía a Jesucristo por unas cuantas monedas, representa para los cristianos el mal y la traición personificados, para los indígenas es todo lo contrario. Si a Judas se le ha marginado por la actitud asumida en contra de quien representa la bondad y el amor en el mundo, nuestros indígenas lo acogen como un "santo" en el que pueden confiar.

Héctor Gaitán
Vida y Milagros de Maximón
(Guatemala: Editorial Plus Ultra, 2ª edición, 1980)

Esfinges de Maximón (a la izquierda) y de **San Simón** (a la derecha). Objetos de culto y velas votivas.
Autores: anónimos.
Altura de las imágenes: 40 cm.
Origen: San Andrés de Itzapa.
Departamento de Chimaltenango.

o: San Simo

No, no hay país más diverso, más múltiple en variedad terrena y humana; todos los grados de calor y color; de amor y odio, de urdidumbres y sutilezas, de símbolos utilizados e inspiradores. No por gusto, como diría la gente llamada común, se formaron aquí Pachacamac y Pachacutec; Huamán Poma, Cieza y el Inca Garcilaso, Tupac Amaru y Vallejo, Mariátegui y Eguren, las fiestas de Qoyllur Inti y la del Señor de los Milagros; los yungas de la costa y de la sierra; la agricultura a 4.000 metros; patos que hablan en lagos de altura donde todos los insectos de Europa se ahogarían; picaflores que llegan hasta el Sol para beberle su fuego y llamear sobre las flores del mundo. Imitar desde aquí a alguien resulta algo escandaloso. En técnica nos superarán y dominarán, no sabemos hasta qué tiempos, pero en arte podemos ya obligarlos a que aprendan de nosotros y lo podemos hacer incluso sin movernos de aquí mismo. Ojalá no haya habido mucho de soberbia en lo que he tenido que hablar; les agradezco y les ruego dispensarme.

José María Arguedas (octubre 1968)
Obras Completas TOMO V (Perú: Editorial Horizonte, 1983)

El Perú limita al Norte con Ecuador y Colombia, al Este con Brasil, al Sudeste con Bolivia, al Sur con Chile y al Oeste con el Océano Pacífico. Su territorio tiene una extensión de casi 1,3 millón de km² y presenta tres regiones perfectamente delimitadas: La Costa, La Sierra y La Selva. La población del Perú es de aproximadamente 25 millones de habitantes (1998).

La lengua oficial es el español, pero cerca de un 70% de la población (indígena o mestiza) habla el quechua o el aymara, además de 1[illegible] familias lingüísticas habladas por 60 grupos étnicos asentados en el territorio amazónico.

"A mí ustedes me van a llamar, me van a soplar, para las tres personas:
Pacha Tierra, Pacha Ñusta, Pacha Virgen.
Ese dia yo hablaré. La Santa Tierra no vayan a tocar".
Así había hablado la Pachamama.

En tiempos antiguos sabía hablar la Pacha Tierra.
Existía gente sabia que sabía hablar con los lugares sagrados y con los *apus*.
Dios les había dado una estrella para comunicarse
con los *apus* – los dioses- y las *ñustas* – las princesas.
Los *apus* hablaban al llamado del sabio.

Teodoro Meneses
Cuentos Quechuas de Ayacucho
(Instituto de Filología de la Facultad de Letras de la Universidad Mayor de San Marcos, Lima)

Religiosidad Popular Andina

Procesión de la Fiesta de la Cruz. Miniaturas esculpidas en el corazón, o parte central del magüey, y pintadas con tintes vegetales.
Autor: Abilio González.
Altura media: 14 cm.
Origen: Huancayo, Departamento de Junín.

Al ornamentar las iglesias católicas pusieron los indios artesanos, junto a la cruz y los símbolos cristianos, la representación de sus dioses mayores, el Sol (*Inti*) y de la Luna (*Quilla*), y de otros símbolos de su antigua religión. Hasta la actualidad se mantiene vivo el culto de los espíritus de las montañas (*apus*), los ritos sagrados como la aspersión de la chicha (*tinka*), y las *apachetas,* montículos de piedra dejados por los viajeros como ofrendas en los pasos de altura de las montañas. Aún se continúa adorando las fuentes *(puquios)*, los ríos, lagos (*cochas)*, y cavernas (*machay);* los brujos y curanderos se mantienen vigentes para las dolencias físicas y *del alma*, y los rituales y ceremonias asociados a la producción agropecuaria.

La supervivencia de sus contenidos indígenas, a pesar de posibles rasgos formales occidentales, se mantuvo y se mantiene aún vigente hasta el presente como un claro ejemplo de sincretismo religioso.

María Elena del Solar

1. Niño Dios con espina. Miniatura en madera policromada de una de las imágenes más veneradas por el pueblo cuzqueño.
Autor: Antonio Olave.
Altura: 24 cm.
Origen: Cuzco, Departamento de Cuzco.

2. Frascos-amuletos. Vidrios que contienen semillas, raíces, adornos, relicarios de plomo y piedras con atributos mágico-religiosos.
Altura: 5 a 10 cm.
Origen: Departamento de Ayacucho.

3. Ex-votos. Alpaca o metal blanco. Pedidos de intervención, muestran partes de los cuerpos afectados.
Altura: 5 a 10 cm.
Origen: Departamento de Ayacucho.

4. 5. 6. Pagos. Objetos de plomo, ligados a los rituales propiciatorios del Pago a la Tierra.
Altura 10 cm.
Origen: Departamento de Puno.

7. Cruz. Madera ornamentada con semillas, amuletos, cerraduras de plomo, hilos de oro y plata, papeles y plásticos brillantes.
En la parte central, la imagen de Cristo.
Altura: 30 cm.
Origen: Huamanga, Departamento de Ayacucho.

8. Santolines. Amuletos de piedra de Huamanga esculpida.
Altura media: 5 cm.
Origen: Huamanga, Departamento de Ayacucho.

9. Cruces. Hierro forjado y pintado. Conocidas como *zafacasas* (*zafa* significa liberarse o zafarse), se colocan en los techos de las casas como protección contra los malos espíritus.
Altura: 38 a 75 cm.
Origen: Huancayo, Departamento de Junín, Huamanga, Departamento de Ayacucho.

2
3
7
4
5
6

Oh, rocío del mundo,
sumo Hacedor,
rocío interior,
soberano Dios,
Tú que ordenas diciendo:
"Haya dioses mayores y menores",
haz que aquí los hombres
se multipliquen venturosamente.
Haz que viva en paz y salvo,
soberano Padre,
con alimento y servicio,
con maíz, con llamas,
y con todo género de conocimientos.

Texto quechua traducido por Jesús Lara
La Poesía Quechua
(México: Fondo de Cultura Económica, 1979)

Toro. Canopa de barro para fines propiciatorios.
Autor: anónimo.
Altura: 12 cm. Largo: 19 cm.
Origen: Departamento de Cuzco.

Illas

Piedras Sagradas

Las *Illas,* o piedras sagradas en quechua, son de alabastro, en su mayoría se tallan dándoles diferentes formas y se usan con la finalidad de pedir protección para el ganado y la agricultura. También conocidas como chacra o hacienda, representan sintética y organizadamente, los bienes del mundo rural (tierra, casa, ganado).

Son objetos asociados a prácticas mágico-religiosas, vinculadas a rituales propiciatorios tradicionales, como la ceremonia del Pago a la Pachamama u Ofrenda a la Madre Tierra, donde se pide la fertilidad del ganado y de la tierra, así como se pide también buena suerte y fortuna a lo largo del año, y protección contra los malos espíritus.

La mayoría de las veces son enterradas a la entrada de la puerta principal de la vivienda o de los corrales y, también, en los linderos de las chacras o propiedades. Se dice que estos objetos absorben los maleficios y que todos los años deben ser desenterrados por los *laiqas* que pueden ser brujos, adivinos o curanderos. Ellos las limpian y lavan de lo negativo y las vuelven a enterrar en sus mismos sitios, previa ceremonia de riguroso ritual en la que cubren la *illas* con *untu,* o grasa animal. En los *Santolines,* amuletos de piedra de Huamanga podemos ver la convivencia de elementos iconográficos de ritos católicos con motivos paganos, todos destinados a propiciar la bonanza económica y protección contra los malos espíritus. Estos amuletos se pueden encontrar en diversas regiones, con distintas características y trabajados en distintos materiales – piedra, metal, elementos vegetales o minerales –, pero tienen básicamente la misma finalidad: una relación equilibrada y beneficiosa con la naturaleza enmarcada en su propia cosmovisión.

María Elena del Solar

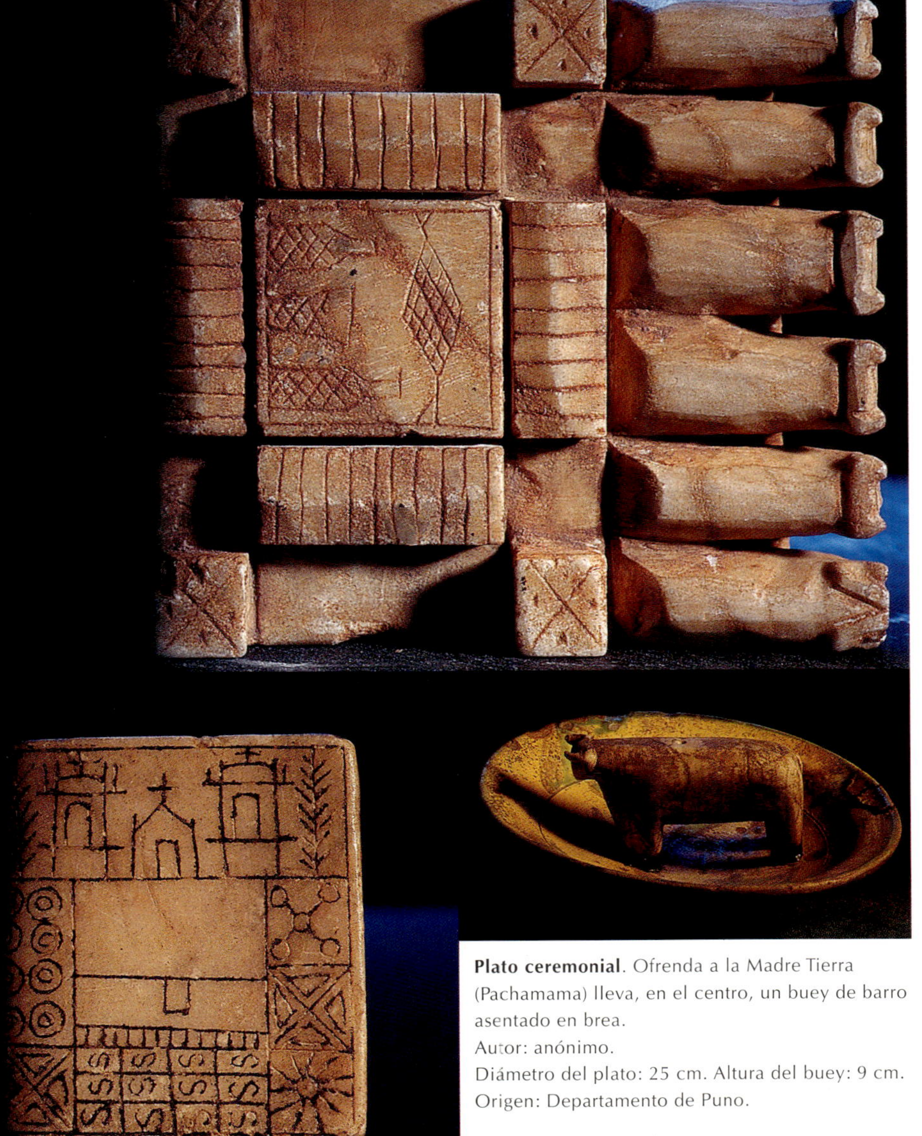

Plato ceremonial. Ofrenda a la Madre Tierra (Pachamama) lleva, en el centro, un buey de barro asentado en brea.
Autor: anónimo.
Diámetro del plato: 25 cm. Altura del buey: 9 cm.
Origen: Departamento de Puno.

Illas. Amuletos, en su mayoría tallados en alabastro y conocidos como Piedras de Huamanga.
Autores: anónimos.
Altura: 2 a 4 cm.
Origen: Departamentos de Puno, Cuzco y Ayacucho.

Cerámicas de Quinua

Quinua es un centro alfarero que mantiene viva una tradición que se remonta a la época de la Colonia, y probablemente también a la época prehispánica. Ubicado a una hora de la ciudad de Ayacucho, en la sierra central, a aproximadamente 3.000 metros de altitud, la casi totalidad de sus habitantes se dedica a la alfarería, como ocupación complementaria a la agricultura, en sus exiguos terrenos de cultivo. Considerada tradicionalmente como una ocupación masculina, actualmente algunas fases del proceso de producción del trabajo en arcilla las realizan las esposas o hijas de los artesanos.

Edificio de cinco pisos. Barro cocido decorado con engobe.
Autor: anónimo.
Altura: 81 cm. Ancho: 30 cm.
Origen: Quinua,
Departamento de Ayacucho.

Página siguiente:

Iglesias de techo. Barro cocido decorado con engobe en tonos terrosos (crema; marrón claro, oscuro; rojizo) y ornamentado con musgos secos.
Autor: anónimo.
Altura: 57 cm. Ancho: 37 cm.
Origen: Quinua,
Departamento de Ayacucho.

Candelabro-iglesia.
Barro cocido y pulido.
Tiene, como elemento tradicional, una iglesita en la parte superior.
Autor: anónimo.
Altura: 65 cm. Ancho: 38 cm.
Origen: Quinua,
Departamento de Ayacucho.

Las Iglesias de Techo Edificios de Quinua

Las Iglesias de Techo son de las piezas más características y difundidas en la producción cerámica de Quinua. Hoy en día han perdido mayormente su función ritual, transformándose en piezas decorativas y recreando nuevas formas: además de típicas iglesias se aprecian edificios de varios pisos, abarrotados de habitantes, reflejo directo del impacto causado por las migraciones forzadas de los artesanos de Quinua a Lima, capital del país.

María Elena del Solar

AVIDAD

El mate burilado

Mates burilados. Calabazas secas trabajadas externamente con técnicas mixtas.
Es posible reconocer al autor por las técnicas usadas y por el estilo de los dibujos grabados.
Autores: Delia Poma Ozores, Ciro Núñez, Luis Oscar y Silvano Veli, Aurelio Medina Zanabria, Roberto Contreras y Max Inga.
Tamaños variados.
Origen: Cochas y Huancayo, Departamentos de Junín, Ayacucho y Piura.

El mate es el fruto de una planta rastrera (*Lagenaria vulgaris*), que crece en forma silvestre en la franja costera, en las zonas altas de la selva y en los valles cálidos interandinos, sin requerir mucha agua. Las formas y tamaños de sus frutos son muy variados y con ellos se pueden hacer distintos objetos.

En la sierra central es donde mejor se burila el mate; los diseños ocupan toda la superficie de la calabaza en un trabajo que precisa de gran habilidad y paciencia. Los dibujos de los mates suelen explicar los aspectos más comunes de la vida del campesino (desde los trabajos del campo, como agricultor o ganadero, hasta su vida festiva con el traje regional). Si el matero ha hecho algún viaje, también suele representar las nuevas cosas vistas por primera y, quizás, última vez de su vida. Sin necesidad de palabras y con un estudio de los dibujos decorativos podríamos comprender qué es y en qué se basa la vida en las extensas serranías peruanas.

Pero, más aún, la imaginación de estos artistas los lleva a plasmar escenas de la cercana selva imaginando e interpretando una vida absolutamente diferente a la suya y que tan sólo conocen de oídas. De ahí la representación de tigres, leones y otros animales en unas proporciones de tamaño tan irreales que solamente pueden provenir de algo que se desconoce. En los dibujos se mezclan también cenefas de clara influencia mudéjar, sin duda de origen hispánico, y dibujos de antiguos símbolos cuyo significado generalmente es desconocido.

Hay tres formas de acabar la decoración del mate: la llamada *ayacuchana* consiste en aplicar una mezcla negra – hollín y grasa – en las incisiones; la *huanca* consiste en quemar, aplicando corteza de quinoa en combustión sobre el mate, con lo que se obtienen varios tonos de colores pardos y marrones; en la *tercera* se sumerge el mate en agua hirviendo mezclada con anilina del color que se prefiera, por lo general fucsia oscuro o verde. Cabe señalar que los materos no siempre disponen de muchas herramientas y las sustituyen por un viejo y desgastado cuchillo útil para todo.

Ricardo Muratorio
Arte Popular de América de Francesc Català Roca
(Barcelona: Editorial Blume, 1986)

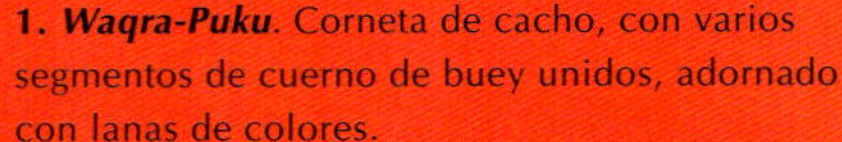

La trompeta más antigua que se conoce es el caracol,
símbolo de la creación, el mar y la lluvia,
conocido y empleado por todos los pueblos.

Instrumentos Musicales

La música, la danza y el canto – trilogía inseparable del teatro – forman parte esencial de las costumbres y de las creencias de los pueblos americanos. Tanto los mitos y las leyendas de origen nahua como el venerable Popol Vuh maya quiché, Libro de los Consejos, nos hablan del origen divino de la música.

Dada la variedad y cantidad de instrumentos que se han encontrado en las excavaciones, no cabe duda de que la música precolombina alcanzó una etapa de desarrollo comparable, y tal vez superior, a la de otras culturas contemporáneas de origen europeo y asiático.

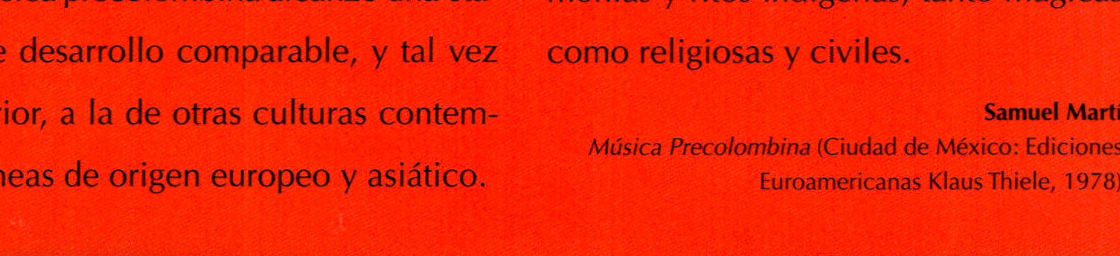

Entre los instrumentos han aparecido toda clase de idiófonos, tambores de parche, sencillos y dobles, silbados, ocarinas, flautas de pan, flautas sencillas, dobles, triples y cuádruples. Al igual que la música de otros países, la música indígena surge de la masa del pueblo y refleja sus creencias, costumbres y medio ambiente formando parte de su patrimonio cultural inalienable.

Sabemos que la música y la danza formaban parte esencial de las ceremonias y ritos indígenas, tanto mágicas como religiosas y civiles.

Samuel Martí
Música Precolombina (Ciudad de México: Ediciones Euroamericanas Klaus Thiele, 1978)

1. *Waqra-Puku*. Corneta de cacho, con varios segmentos de cuerno de buey unidos, adornado con lanas de colores.
Ancho: 12cm. Diámetro: 37 cm.
Origen: Departamento de Ayacucho.

2. Clarín. Trompa constituida por una pieza única de caña; la embocadura o boquilla, también de caña, se amarra al cuerpo; el pabellón interior es de lata. Los hombres tocan este instrumento, durante las fiestas religiosas y para animar los trabajos comunitarios.
Largo: 2,82 m.
Origen: Departamento de Cajamarca.

3. *Pututo*. Corneta hecha con la concha de un caracol marino perforado en uno de los extremos, por donde se sopla. Usado, principalmente, para convocar a la comunidad en las zonas de altura.
Largo: 14 cm. Diámetro: 8 cm.
Origen: Departamento de Cuzco.

4. Arpa. Madera con ornamentos marqueteados. Tiene su origen en el arpa europea traída por el conquistador español. Incorporada completamente por los indígenas, se transformó en un instrumento básico que integra las orquestas típicas y los conjuntos musicales en casi toda la zona andina.
Altura: 1,35 m.
Origen: Huancayo, Departamento de Junín.

5. *Antara*. Flauta de cuatro tubos de cañas cubiertos con alquitrán, semillas de carácter mágico y espejos.
Ancho: 10 cm. Largo: 28 cm.
Origen: Departamento de Cuzco.

6. Zampoña o *toyo*. Flauta con dos hileras de tubos de caña unidos y decorados.
Ancho: 30 cm. Largo: 1,20 m.
Origen: Departamento de Puno.

7. *Pinkuillo*. Flautas de pico, construidas con dos mitades de ramas de árbol ahuecadas y unidas con tendones de llama.
Autor: anónimo.
Largo: 95 cm. Diámetro: 4,5 cm.
Origen: Departamento de Cuzco.

8. Caja. Tambor de corcho y cuero, adornado con lanas de colores.
Diámetro: 25 cm.
Origen: Departamento de Cajamarca.

Autores: músicos e instrumentistas anónimos.

Conjunto de baile. Miniaturas de madera policromada que representan un conjunto musical del pueblo de Tinta de comienzos de siglo.
Autor: Estrada.
Altura media de las figuras: 30 cm.
Origen: Cuzco, Departamento de Cuzco.

1
2
3
4
5
6
7
8

Tintes Naturales

La tintorería andina (*tallupuni* en quechua, *huaycutha* en aymara) consiguió extraer de una gama relativamente pequeña de medios como plantas, cortezas, flores, etc. no sólo los colores básicos sino una infinidad de matices. Los antiguos peruanos lograron más de 150 gamas de tintes y matices que han quedado registrados en la variedad de vocablos que distinguen muy sutilmente los tonos de un color.

La producción de grandes cantidades y asombrosa calidad de teñidos nos hace pensar en la existencia de una práctica popular de miles de años y de una clase de especialistas artesanos. En el vocabulario quechua y aymara se encuentran por lo menos de diecinueve a veinte voces que registran los detalles de la operación general del teñido. De esto podemos deducir que en el antiguo Perú hubo un gran desarrollo tecnológico artesanal en materia de teñidos que no se ha producido en ningún otro pueblo del mundo.

A comienzos de este siglo, los herederos de los tintoreros habían desaparecido por completo. Sólo quedaron vestigios de ellos en algunas comunidades campesinas alejadas de las alturas de Los Andes en donde los rigores del clima y la miseria no permitieron la entrada de los vendedores de anilina.

M. A. Salas
Tintes Naturales para Lana de Oveja
de Hugo Zumbuhl
(Huancayo, Peru: Kamaq Maki, 1986)

Telar

Telar de cintura ou *K'allhua*: de uso intensivo antes de la llegada de los españoles; actualmente continúa su uso en zonas de la costa norte, en la casi totalidad de la zona andina y regiones de la selva. De uso exclusivo por las mujeres, en este telar la artesana se hace parte del instrumento, una vez que ella debe utilizar el movimiento de su propio cuerpo para hacer tensar el tejido.

***P'uska* y *K'allapa*.** Instrumentos tradicionales para el hilado, y muestras de tejidos. En el fondo, telares de cintura, o *k'allhuas*, para la producción de fajas.
Autores: anónimos.
Ancho: 6 a 9 cm. Largo: 15 a 26 cm.
Origen: Departamentos de Ayacucho y Junín.

Novelos y tinturas. Lanas de oveja y de alpaca teñidas con colores variados, y muestras utilizadas en su teñido, tales como: papelillo, líquenes, hojas de álamo, flores de árnica, cáscaras de nogal, ramos de mutuy tankish, ramos de yerba santa, cochinilla, ramos y semillas de tara, ramos de eucaliptus, ramos de salvia, ramos y flores de chilca, líquenes de huancalata, entre otros. Prendas tejidas y manual de teñido natural de la Asociación Kamaq Maki. Una de las asociaciones de mayor actuación, su producción es reconocida y apreciada internacionalmente.
Autores: Asociación Kamaq Maki.
Origen: Huancayo, Departamento de Junín.

Textiles

La actividad textil en el Perú cuenta con una tradición tecnológica y artística de miles de años. Tuvo su origen en las culturas prehispánicas, los hombres de la costa peruana, hace 5.000 años, ya confeccionaban prendas de vestir, mantos de algodón, telas decoradas y fajas pequeñas.

Entre los Incas, mujeres elegidas consagraban su vida a la preparación de finos tejidos que se quemaban como ofrendas religiosas. Se sabe que en Cuzco, todas las mañanas, se quemaba, como ofrenda al sol, una gran cantidad de tejido de la más alta calidad.

Trajes típicos de diversas regiones del país.

Página siguiente:

Sombreros. El sombrero típico de la mujer de Huancayo es el que posee el borde levantado, y se adorna con una ancha faja de seda con un lazo lateral. El sombrero típico de la mujer de Chupaca tiene un triple lazo y el de la mujer de Huamanga presenta un lazo lateral simple. Los de paja blanca se endurecen con la superposición de varias camadas de tiza que, proveniente de Francia, se la conoce como "cola-de-paris".

Sombreros

En el medio rural el sombrero es considerado prenda de prestigio; es, además, distintivo de la región o de la zona donde se habita. Toda la América andina, debido a la variedad geográfica de su territorio, cuenta con gran cantidad de diseños; a veces las diferencias entre ellos son mínimas, pero suficientes para indicar el paso de una región a otra.

En los mercados importantes, puntos de reunión de vendedores y compradores que se desplazan desde localidades lejanas, se puede observar la pluralidad de modelos y también el cuidado que, sobre todo, las mujeres ponen en su conservación.

Marta Ribalta
Arte Popular de América de Francesc Català Roca (Barcelona: Editorial Blume, 1986)

La Chonguinada

Trajes de Chonguinos. Tejidos de lana y algodón con aplicaciones de seda bordadas con mortecillas, vidriecillos y espejos.
Autores: talleres diversos.
Origen: Huancayo, Departamento de Junín.

Muñeco Chuto. Hecho de paño y tejido de punto, personifica al Chuto, personaje de la Chonguinada que representa al hombre del pueblo.
Autor: anónimo.
Altura: 35 cm.
Origen: Huancayo, Departamento de Junín.

La Chonguinada se baila en todo el Valle del Mantaro, tradicionalmente en los Carnavales, y actualmente es atracción principal en las fiestas patronales de las comunidades del valle, en cualquier época del año. Se trata de una supervivencia costumbrista, con sus personajes, su vestimenta, coreografía y música características. Es una danza popular que satiriza al español o hacendado de la época de la Colonia, ridicularizando sus costumbres y vestimenta. La música es ejecutada por una orquesta típica que en todo momento sigue a los danzantes; se emplean instrumentos, en su mayoría de origen europeo: saxos, violines, clarinetes, trombones y arpa. Es la música huanca por excelencia, la que identifica hoy en día a los migrantes que se encuentran lejos de su tierra. Los movimientos coreográficos nos recuerdan a la música europea del siglo XVI: minués, contradanzas y cuadrillas, ejecutados con una libertad que se corresponde con su carácter burlesco.

El Chonguino personifica al conquistador español. La máscara, la peluca con largos cabellos crespos, y los vestidos con vistosos bordados, imitan los elaborados atuendos coloniales, además de los gestos y la actitud petulante con que irreverentemente representan al colonizador. La Chonguina personifica a la mujer huanca, sometida al conquistador, pero orgullosa de su raza.

El Chuto representa al indio común, al pueblo. Su forma de bailar es diferente: corre, salta, hace bromas irreverentes al público, especialmente a los de clase media y alta. Aunque contradictoriamente su rol es dirigir y ordenar las cuadrillas y el ingreso de éstas en la plaza publica, bebe sin control, y generalmente termina embriagado.

María Elena del Solar

Retablos

Retablo "Migración"

Piso superior:
ciudad de Ayacucho ayer, próspera y feliz.

Piso del medio:
retrato de la violencia traída por los problemas políticos vividos en la región.

Piso inferior:
ciudad de Lima con sus vendedores ambulantes, símbolo de la migración hacia las zonas urbanas, consecuencia de los disturbios en las zonas rurales.

Autor: Nicario Jimenez, natural de Ayacucho de una familia de retablistas; vive y produce en Lima.
Altura: 94 cm.
Ancho: 51 cm (cerrado) y 1,05 m. (abierto).
Origen: Huamanga, Departamento de Ayacucho.

El retablo tradicional conocido como Sanmarcos tenía una función mágico-religiosa pues servía como altar ambulatorio para uso de los pastores y campesinos de las comunidades indígenas, distribuidas desde el sur de Huamanga hasta lugares tan distantes como Puno.

El Sanmarcos era la expresión compleja y completa de la ideología sincrética del campesino indio, ya que en él se congregaban el cóndor con el *apu* de la montaña, protector de los animales nativos, y los santos europeos, también protectores de los animales.

Recién en los años 40 del siglo XX, llegaron los primeros retablos a la ciudad de Lima, provocando una suerte de renacimiento del arte de los retablistas que, en aquella época, perdía su valor mágico y ritual tradicional transformandose a partir de entonces en una importante manifestación del arte peruano. Es importante destacar el caso de los retablos testimoniales: se trata de la incorporación de temas que tienen que ver con el contexto socioeconómico que vive la población de Ayacucho – la violencia política y la crisis económica –, un relato gráfico de los eventos que han marcado fuertemente a la región.

María Elena del Solar

Retablos. Altares ambulantes de madera.
Las figuras se moldean o se modelan a mano, indistintamente; los propios artistas preparan la pasta y cada uno de ellos mezcla distintos ingredientes, pero la base es pasta de patata. Cuando la figura está seca se la pinta y barniza; por último, se la coloca en el retablo y se forma la escena; en un mismo estante puede haber hasta un conjunto coherente de más de 50 figuras. Cada artesano tiene su propia justificación del significado de cada piso y del porqué de su número.
Autores y tamaños: diversos.
Origem: Huamanga, Departamento de Ayacucho.

La técnica de la filigrana consiste en el difícil y delicado trabajo de estirar la plata en finísimos hilos que, entrecruzados, resultan semejantes a la ligereza de la riendas y no a la dura superficie de los metales. Se trata de la técnica más singular y sobresaliente de la platería peruana, y fue introducida por los españoles a mediados del siglo XIX, a fines del período colonial. Desde esa época se establecieron importantes núcleos de producción, conviertiéndose en una especialidad de los plateros de la región de Ayacucho. Actualmente la filigrana es típica de la orfebrería practicada en la región de San Gerónimo, Departamento de Junín.

Arte y Tesoros del Perú. Platería Virreynal de **José Antonio de Lavalle** y **Werner Lang** (Lima: Banco de Crédito del Perú en la Cultura, 1974)

Página siguiente:

Sahumador-pavo real. Filigrana de plata. Usado para sahumar con palo santo, una madera aromática, en procesiones o ritos religiosos.
Autor: anónimo.
Altura: 24 cm.
Origen: San Gerónimo de Tunán, Departamento de Junín

Collar: 46 cm de largo.
Aros: 7 cm de altura.
Broche mariposa: 6 cm de altura.
Origen: San Gerónimo de Tunán, Departamento de Junín.

Filigrana de plata. Autores: anónimos.

Platería y Tupos

Tupo. Broche de alpaca (aleación de cobre, zinc y níquel) trabajada, tiene una forma cóncava semejante a la de una cuchara.
De origen prehispánico, se usa en la región andina para sujetar la manta que cubre los hombros.
Autor: anónimo.
Largo: 28 cm.
Origen: Departamento de Cuzco.

Tupo ceremonial. Plata trabajada y decorada con vidrios de colores, usado en las ceremonias de casamiento.
Autor: anónimo.
Altura: 21 cm. Ancho: 16 cm.
Origen: Departamento de Cuzco.

En el tupo peruano, lo masculino y lo femenino se unen a través de dos elementos: lo que atraviesa y lo que contiene. En el mundo agrario, *tu* y *pu* se unen para significar la medida exacta del pedazo de tierra suficiente para sobrevivir, y la nutrición de una pareja formada por el hombre y su mujer.

Jesus
del Gran
Poder

Mi delirio sobre el Chimborazo

Yo venía envuelto con el manto del Iris, desde donde paga su tributo el caudaloso Orinoco al Dios de las aguas. Había visitado las encantadas fuentes amazónicas, y quise subir al atalaya del Universo. Busqué las huellas de La Condamine y de Humboldt; seguílas audaz, nada me detuvo; llegué a la región glacial, el éter sofocaba mi aliento. Ninguna planta humana había hollado la corona diamantina que pusieron las manos de la Eternidad sobre las sienes excelsas del dominador de los Andes. Yo me dije: este manto de Iris que me ha servido de estandarte, ha recorrido en mis manos sobre regiones infernales; ha surcado los ríos y los mares; ha subido sobre los hombros gigantescos de los Andes; la tierra se ha allanado a los pies de Colombia, y el tiempo no ha podido detener la marcha de la Libertad.

Simón Bolívar
Simón Bolívar: síntesis panorámica de la vida del grande hombre
de Félix R. Fragachán (Madrid/Caracas: Ediciones Edime, 1956)

ECUADOR

La República de Ecuador limita al Norte con Colombia, al Sur y al Este con Perú y al Oeste con el Océano Pacífico. Su territorio, de 280 mil km², se encuentra accidentado por la Sierra Andina, que atraviesa el país de Norte a Sur, formando en su medio un callejón interandino que Humboldt llamó la "avenida de los volcanes". Toda esta sierra es de carácter volcánico y hay en ella alturas tan importantes como el Cayambre, Cotopaxi, Cerro Hermoso, Sangay, Chimborazo y Pichincha. A lo largo de la sierra existen más de 30 volcanes en actividad, algunos de ellos de los más grandes del mundo. Ecuador tiene aproximadamente 12 millones de habitantes (1998). La lengua oficial es el español, pero el quechua, que en Ecuador se denomina quichua, lo habla la mayoría de la población indígena.

Los textos no firmados de este capítulo fueran elaborados a partir de informaciones provistas por **John Alfredo Davis.**

Los danzantes

En la época precolombina, el *Inti Raymi* – la Fiesta del Sol – se celebraba en junio como una forma de agradecer al dios sol por la cosecha. Hoy se celebra el día de Corpus Christi, siendo los danzantes, o jocantes, el punto alto de la fiesta. Los encajes y plumas de sus trajes barrocos representan, probablemente, a los ángeles de la iconografía colonial; los *yugos*, las bandas y alas de los ángeles son una mezcla de los símbolos sacerdotales – mitras y casullas – con símbolos nacionales.

La *uma*, o tocado que adorna la cabeza, tiene una estructura de palos de sauce en donde se amarran las plumas por atrás. En su parte delantera, decorada con papel de plata, espejos, cuentas, muñequitos y símbolos de toda especie va, generalmente, una paloma, un toro o una oveja como figura central. A la altura de la cintura se amarra un palo, el *yugo*, del cual parten tres bandas, antes de brocado rojo con hilos metálicos, en la actualidad, de satén bordado. A esto se agrega el *peto* o pechera que, cayendo hasta las canillas se compone y se decora con los mismos materiales. La *cola* es de satén sobre cartón con bordados que representan la vida animal, vegetal y humana. Cálices, hostias, coronas de espinas y corazones de Jesús, omnipresentes en sus trajes, son el homenaje que prestan los danzantes de Tungurahua al Cristo Rei.

Trajes de danzantes. Vistos frente y verso.
Autores: anónimos.
Origen: Provincia de Tungurahua.

Bombos Salasacas

Tambores o bombos salasacas. Madera liviana y resistente; cuero estirado y decorado con dibujos esmaltados.
Se utilizan en la procesión de Corpus Christi.
Autor: músicos anónimos.
Diámetro medio: 62 cm. Altura media: 43 cm.
Origen: Salasaca, Provincia de Tungurahua.

Páginas 112 a 115:

Pinturas *de Tigua*. Esmalte sobre cuero de oveja.
Autor: Fausto Toaquiza.
Altura media: 30 cm. Ancho medio: 38 cm.
Origen: Pujili, Provincia de Cotopaxi.

Pinturas *de Tigua*

Las pinturas, hoy conocidas como *de Tigua*, tienen sus orígenes en los bombos, o tambores, utilizados en las fiestas de las Provincias de Cotopaxi y Tungurahua, tradicionalmente pintados con temas alegóricos o festivos. En los años 70 aparecieron en el área de Tigua, Zunbagua, Quindishilly y Allpamalac, varios tamborcitos, o bombos pequeños, que tuvieron buena demanda. Posteriormente y como consecuencia directa, se estableció una nueva expresión artística al pintar cuadros, verdaderas obras de arte ingenuo sobre cuero de oveja con marcos decorativos.

Pintores de los más conocidos en esta técnica son Fausto y Julio Toaquiza, José Toaquiza Tigosi y José Vega Cuyo. Los temas de sus creaciones pueden ser alegóricos (El Paraíso, El Cielo, Purgatorio y Infierno, La Creación del Mundo), ilustrativas, mostrando momentos de la vida cotidiana (El Curandero, Feria Indígena de Guatojalo), o aun registros de fiestas (Fiesta Campesina de Nochebuena, Corpus Christi con sus Danzantes etc.).

Shigaras

Las *shigaras*, bolsas tejidas con fibras de cacto maguey (*Agave americano*), se ejecutan en forma circular, comenzando con un nudo en la base y se siguen con nudos simples hasta completarlas. El tiempo que demanda la elaboración de una *shigara* depende de su tamaño y de su calidad, pudiendo llevar de dos meses a dos años para concluirla, pues se trabaja en ella apenas dos o tres horas libres por día, después de cumplidas las tareas.

Las *shigaras*, en la actualidad, tienen una amplia distribución geográfica en toda la región Andina.

En el pasado prehispánico, las *shigaras* se usaban, principalmente, para guardar y almacenar semillas y alimentos secos al aire libre, en las proximidades de las habitaciones.

El tejido de la trama podía ser tan apretado y estrecho que las hacía prácticamente impermeables. Se decía inclusive que podian ser usadas para cargar el agua proveniente de pozos distantes.

Shigaras. Palabra de origen quichua que designa un tipo de bolsa o bolsón trenzado con fibras de cabuya o maguey *(Agave americano).*
Autores: anónimos.
Tamaños: diversos.
Origen: Provincias de Cotopaxi, Chimborazo y Tungurahua.

Máscara de la Mama Negra. Hecha en papel maché y usada por el personaje central de la Fiesta de la Mama Negra.
Autor: anónimo.
Altura: 1,65 m.
Origen: Latacunga, Provincia de Cotopaxi.

La Mama Negra

La fiesta de la Mama Negra transcurre durante los días 23 y 24 de septiembre en Latacunga, Provincia de Cotopaxi. Originalmente se celebraba para honrar a la Virgen de las Mercedes, en cambio, hoy en día, se la conoce como la fiesta de la Mama Negra.

El origen de este personaje es oscuro, pero se trata claramente de un culto a la fertilidad.

La Mama Negra, personaje central del acontecimiento, es un hombre disfrazado de mujer, que habla en tono de falsete, llevando en los brazos una muñeca negra y un biberón, o jetinga, con leche de burra con el cual salpica al público que sigue la procesión. Sobre el caballo en el cual va montado lleva una alforja con muñecas que representan a bebés, de un lado varones y del otro mujeres. Viste una peluca negra, una máscara y collares; un pañuelo, una camisa de satén, guantes, polleras y pantalones. Su caballo es conducido por los guiadores y seguido por Ashanguero o el taita negro.

Sombreros Panamá

El apogeo de los sombreros de Panamá empezó comienzos de siglo cuando, comercializados vía Panamá, se conocieron como *Panama Hats*. Hoy en día los principales centros de producción son Montecristi, en la provincia de Manabi, Gualaceo en la provincia de Azuay, y Biblian en la provincia de Cañar. Los mayores mercados para su comercialización son México, Brasil y Estados Unidos, y su precio puede variar entre US$ 4 a US$ 1.000, según su calidad y el número de enjires. Se elaboran con dos tipos de fibras. Los más finos se hacen de toquilla, fibras de las hojas tiernas de una palma procedente de la costa ecuatoriana. Se utiliza también la macora, fibra de inferior calidad. El proceso de fabricación requiere una larga serie de pasos. El tejido sólo se realiza en días húmedos y a la sombra, llevando un sombrero de 24 vueltas, o enjires, un promedio de 4 meses para hacer. Una vez terminado, el tejedor, después de hacer el remate, vende el sombrero al fabricante, quien se ocupa de los acabados haciendo las reparaciones necesarias, como cambiar las pajas negras, o tejer donde el tejido se saltó.

El sombrero luego se lava, se zahuma en la garita durante dos horas, y se seca al sol durante 10 minutos.

Para suavizarlo y estirarlo, el sombrero se palea con un mazo de madera, se plancha y, una vez concluido el planchado, se deja nuevamente al sol. Finalmente se despeluza y se termina de cortar el remate con tijera para, posteriormente, mandarle la pieza al bloqueador, quien la hormará según la moda. Como último paso se aplican las cintas, tanto en el interior como en el exterior, según las medidas escogidas. Ya embalado y enrollado en caja de balsa, el sombrero de Panamá está pronto para la venta, tanto en el país como en el exterior.

Sombreros Panamá. Paja de toquilla o macora, tejida manualmente.
Autores: anónimos.
Tamaños: diversos.
Origen: Montecristi, Provincia de Manabi.

Cajas para sombreros. Hechas de madera balsa y utilizadas para acondicionar los sombreros de exportación que, enrollados y embalados en esas cajas, conservan su caída sin adquirir dobladuras indeseables durante su transporte.
Autores: anónimos.
Largo: 30 cm. Ancho: 8 cm.
Origen: Montecristi, Provincia de Manabi.

Sombrero de paja antigua. Confeccionado en paja como los actuales de Montecristi, este sombrero de los años 60 es llamado de manabita o montuvio, referencia a los habitantes de la región de Manabita.
Autor: anónimo.
Altura: 21 cm. Diámetro: 50 cm.
Origen: Cuenca, Provincia de Azuay.

Rebozos

Los tejedores de rebozos, paños, macanas o cachemiros son conocidos como macaneros. Esta labor de tejer con la técnica conocida como *ikat* es labor masculina, mientras que el acabado de los bordes es labor de la mujer. El amarrado cuesta, por lo general, el doble de lo que cuesta el paño. Es el amarrado, que se puede relacionar con la técnica del macramé, lo que le da más prestigio a la dueña. En ese borde, los diseños pueden ser amarrados o bordados sobre el reborde con diseños en crochet. Son hoy apreciados los que llevan los escudos de Ecuador, España o Perú y que incluyen versos. Una cholita de buena posición económica tendrá por lo menos media docena de macanas, una muestra, tal vez, de su *status* social.

Rebozos. Teñidos con anilinas y tejidos con algodón, según la técnica del *ikat*.
Largo: 2 m. Ancho: 70 cm.
Autores: anónimos.
Orígenes: Provincias de Cañar, Chimborazo, Tungurahua, Cotopaxi y Loja.

REPUBLICA DEL ECUADOR
REPUBLICA DEL ECUADOR
RECUERDO
RECUERDO

Pujili

Las cerámicas – y hablamos de las alcancías – de Pujili, sorprenden por la libertad con la cual los artesanos trabajan; llaman también la atención por la amplitud de los temas que abordan ya que incorporan todo lo que les divierte y atrae. Las piezas son moldeadas, cocidas y pintadas con colores brillantes, inclusive con laca de pintar carros. En Pujili, es costumbre cimentar estas figuras (monos, peces, toros, tortugas, etc.) en los tejados de las casas, para traer fortuna y buena suerte.

La Victoria

La Victoria, una comunidad de ceramistas en la Provincia de Cotopaxi, es conocida por la producción de diferentes tipos de artículos para la construcción, como tejas esmaltadas, lozetas de diferentes tamaños y por sus "moriscos", o balaústres, de cerámica esmaltada. Para vidriar estas piezas se utiliza plomo, estaño y cuarzo. El plomo en bruto es fundido en un tiesto grande; una vez derretido, se añade el estaño (utilizando hasta las placas viejas de las baterías de carros); reducidos a polvo, estos dos elementos, junto con el cuarzo, se ponen en un molino fabricado para el objeto. Las cantidades para la mezcla se colocan sobre la base de medidas ya establecidas por los alfareros, lo que constituye un secreto profesional.

"La Alfarería del Pueblo", capítulo del libro *Antología del Folklore Ecuatoriano* de **Paulo de Carvalho Neto** (Quito: Ed. Universitaria, 1994)

A la derecha:

Cofres de Pujili. Cerámica moldada y pintada.
Autor: Amable Olmos
Largo medio: 25 cm.
Origen: Pujili, Provincia de Cotopaxi.

1. Vitrina con cerámica de La Victoria y Chordaleg.

2. Pongo. Pote de cerámica vidriada utilizada para la colada, bebida alcohólica a base de maíz.
Autor: anónimo.
Altura: 49 cm. Diámetro: 46 cm.
Origen: La Victoria, Provincia de Cotopaxi.

3. 4. Potes y jarra. Barro torneado, decorado con esmalte obtenido a través de aplicación de plomo y cobre.
Autores: anónimos.
Altura media: 29 cm.
Origen: Chordeleg, Provincia de Azuay.

5. Cedasos. Crina de caballo, madera y cabuya.
Autores: anónimos.
Diámetro: 30 cm.
Origen: Riobamba, Provincia de Chimborazo.

6. Cerámica figurativa. Hecha con moldes tradicionales de porcelana europea.
Autor: Neptali Veintimilla.
Altura: 26 a 40 cm. Ancho: 30 cm.
Origen: La Victoria, Provincia de Cotopaxi.

7. Cerámica utilitaria de La Victoria. Lajas y balaústres de cerámica torneada y vidriada.
Autores: anónimos.
Altura balaústres: 47 cm. Ancho lajas: 10 a 20 cm.
Origen: La Victoria, Provincia de Cotopaxi.
Fajas, *chumbis o roatas.* Tejidos en telar de cintura *(k'allhua)* a partir de la técnica del *ikat.*

Cerâmica

Cerámica con dibujos simbólicos.

Yo pertenezco a la fecundidad
y creceré mientras crecen las vidas:
soy joven con la juventud del agua,
soy lento con la lentitud del tiempo,
soy puro con la pureza del aire,
oscuro con el vino de la noche
y solo estaré inmóvil cuando sea
tan mineral que no vea ni escuche,
ni participe en lo que nace y crece.

Cuando escogí la selva
para aprender a ser,
hoja por hoja,
extendí mis lecciones
y aprendí a ser raíz, barro profundo,
tierra callada, noche cristalina,
y poco a poco más, toda la selva.

Pablo Neruda
Antologia Poética
(Rio de Janeiro: José Olympio, 1976)

Cerámica Canelo Quichua

Los índios Canelos Quichuas viven en el bosque tropical del Oriente Central ecuatoriano. Por estar íntimamente ligada a su mitologia, la expresión plástica que más los resalta es la cerámica. La continuidad femenina forma parte de una estructura complicada que comprende también a *Nunghuí* (espíritu principal de la arcilla, de la tierra y de la huerta) y a la tradición de la cerámica. Desde el punto de vista femenino, la cultura vivirá mientras exista el alma de la roca y de la arcilla. Por consiguiente, esta labor es exclusiva de la mujer y es ella quien transmite su conocimiento a otras generaciones.

Hay varios tipos de cerámica o *mucahuas: Huilima Churana Manga* o vasija para guardar plumas; *Callanas* o tazones para comer; *Asua Churana Manga* o tinaja para chicha; *Jista Puru* o vasija decorada con figuras para fiestas. Cada *mucahua* posee una historia diferente y sus dibujos están cargados de simbología. Cada pieza es portadora de tres almas *Nunghuí, Ahuashca Huarmi* y *Huasimanda Ayatian*. Cada una de ellas simboliza tres estados de lo femenino respectivamente. Muchas *mucahuas* tienen símbolos que representan a diferentes animales como boas, tortugas y lagartos.

Una raya roja representa a *Mama Taishasca* o *Mamchura*, símbolo de la continuidad femenina.

Una raya negra, paralela a la roja, simboliza al esposo.

Página anterior:

Asua Churana Manga. Jarro para guardar chicha.
Cerámica con dibujos simbólicos.
(izquierda) Altura: 42 cm. Diámetro: 40 cm.

Yacunda. Pote para guardar *ayahuasca*.
Cerámica con dibujos simbólicos.
(derecha) Altura: 23 cm. Diámetro: 23 cm.

Tazones. Cerámica con dibujos simbólicos.
Diámetro: 15 a 31 cm

Autores: grupo Canelo Quichua.
Origen: Sarayacu, Provincia de Pastaza.

Walkas o collares

En Ecuador se utiliza el término *mullo* para las cuentas o *chaquiras*. El *mullo*, en la época precolombina, se usaba para referirse a la concha del *Mullo spondylus* y como sinónimo de rojizo, carmín; en la época de los Incas se trituraba para ofrecerla como comida a los dioses. El color rojo está relacionado con la sangre y, consecuentemente, con la vida.

Fue sólo después de la conquista que el hombre andino conoció y pasó a utilizar otros materiales. Las *walkas* pueden ser hoy de coral, vidrio o cuentas heredadas de Ventimilla, sin embargo permanece la tradición de usar el rojo en los collares, sobre todo en Chimborazo e Imbabura.

Las *walkas* más populares hoy son las de vidrio dorado, finitas como las decoraciones de árbol de navidad. Son varias sartas de diferente longitud amarradas juntas, que se atan detrás del cuello y dan como resultado un collar que lo cubre totalmente.

Cuanto más sartas, más rica es la persona, y si son de coral, más aún.

A la izquierda:
Trajes Otavaleños. Faldas *(anacos)* de terciopelo negro, blanco y azul; fajas *(castillas)* bordadas con motivos de flores y mariposas aplicadas en la barra; blusas de algodón o viscosa. *Walkas* de coral, plástico ycuentas de vidrio dorado.
Origen: Otavalo, Provincia de Imbabura.

A la derecha:
Cholita Cuencana. Las faldas coloridas sobrepuestas, la tradicional macana sobre los hombros, el sombrero típico.
Origen: Cuenca, Provincia de Azuay.
Hombre Salasaca. Sobre el poncho blanco *(yurac)*, el poncho negro *(yena)* que representa el luto por la muerte del Inca Atahualpa.
Origen: Salasaca, Provincia de Tungurahua.
Mujer Saraguro. El tupo que fija el rebozo, la blusa y el collar demuestran la simbiosis entre las culturas precolombinas y española.
Origen: Saraguro , Provincia de Loja.
Mujer Cañar. Blusa bordada com motivos cañaris, rebozo de lana morada. La faja que sujeta la falda, a menudo tiene un significado mágico-religioso.
Origen: Provincia de Cañar.

"¡Yo siento una gran devoción
por el Niño Dios,
porque lo veo como una persona,
como una guagua,
puedo hablarle con confianza,
pedirle algo y reclamarle
cuando se porta mal !"

El Pase del Niño

La fiesta religiosa popular más importante de Cuenca es la del Pase del Niño. La fiesta se inicia en el Adviento y termina el martes de Carnaval, siendo el 24 de diciembre el día en que la festividad alcanza su clímax.

Los Pases del Niño consisten en sacar a las calles la imagen del Niño Jesús vestido con terciopelos y bordados, llevado por la Virgen. Durante esos días, los niños se disfrazan de personajes bíblicos: el Ángel de la Estrella, los Reyes Magos, José, Herodes y su corte y caminan en procesión.

El Niño Dios, al asumir cualidades humanas, resulta para los devotos más asequible e influenciable y, sobre todo, manipulable.

El grado de humanización del personaje es tan marcado que inclusive se le ponen nombres a los distintos Niños de las iglesias o casas particulares.

No sólo se conoce a estas esculturas por sus nombres sino también por apodos, lo cual representa toda una carga afectiva para los cuencanos; así se refieren a su Niño como: *"mi suco"*, *"mi patojo"*, *"mi longuito"*, *"mi bonito"*, *"mi cholo"*.

El interés y la alegría por pasar la fiesta en honor al Niño Dios, se debe en parte al aspecto humano e infantil que presenta esta imagen

Susana González Muñoz
Informaciones extraídas del libro *El Pase del Niño* (Cuenca: Publicaciones del Departamento de Difusión Cultural de la Universidad de Cuenca, 1981)

Páginas siguientes:

Pase del Niño. 37 miniaturas en paja de maíz amarrada y pintada, representando a los principales personajes de la fiesta del Pase del Niño.
Autor: anónimo.
Altura media de las figuras: 25 cm.
Origen: Cuenca, Provincia de Azuay

¿Cuál es el contorno exacto del Paraguay?
¿El que deja entrever la trama sutil de los ñandutíes?
¿El que expresa a través del barro o la madera
– materia de sus tierras, sustancia amenazada de sus bosques –
ceramistas oscuras o indígenas silenciosas?
¿El insinuado por plumas que aluden, leves, a dioses, pájaros o cielos?
¿El revelado por un sonido, un signo solo?
Más allá de mitos y prejuicios, el Paraguay
a que nos remiten las formas de su arte
es una realidad de muchos rostros y de tantos sueños;
un complejo de experiencias imposible de ser reflejado en un solo espejo.

Ticio Escobar

PARAGUAY

Ubicado en el centro de América del Sur, el Paraguay, cuenta con una superficie de cerca de 400 mil km^2. País de escaso relieve está dividido por el Río Paraguay en dos regiones naturales distintas, la oriental o del Paraná y la occidental donde se extiende la vasta llanura semiárida del Chaco que ocupa las dos terceras partes del territorio. Limita al Norte con Bolivia y con Brasil, al Sur con Argentina, al Este con Brasil y al Oeste con Bolivia. Tiene una población de casí 5,5 milliones de habitantes. y es un país poco poblado.

La importancia numérica de su población indigena hace del Paraguay el único país bilingüe de América, siendo los idiomas oficiales el Español y el Guaraní.

Ñandutí. Version criolla del encaje de Tenerife (Islas Canarias) realizada en hilo fino y hilos de seda. Originariamente se usaba solamente el color blanco pero hoy también se aplican otros colores.
Autores: anónimos.
Toallas en bastidor: 1,85 de diámetro.
Toallitas: 23 a 93 cm de diámetro.
Origen: Itauguá, Departamento Central.

Ñandutí

Ñandutí significa en guaraní tela de araña. Sus motivos configuran un mundo de imágenes familiares y nostálgicas. Los motivos representan el mundo vegetal: flor de maíz, margarita, palmera, flor de jazmín, etc. Del mundo animal se recogen motivos que representan pájaros, colas de cabra y zorro, abejas, murciélagos etc. Del mundo doméstico: abanicos, nichos, hornos, cestas etc. Y del mundo legendario: la leyenda de la cruz y del *caraí* o del hombre de la bolsa.

Josefina Plá

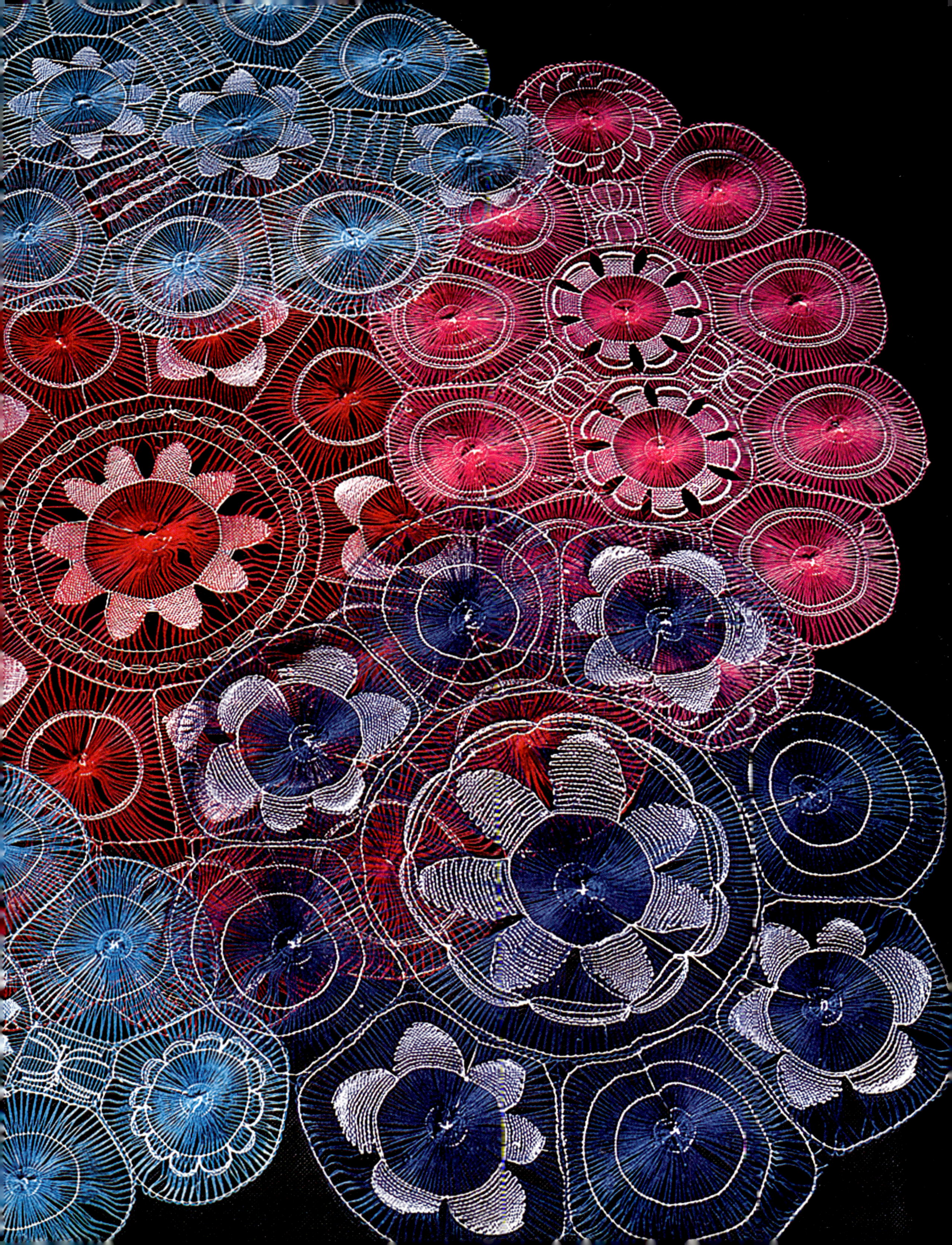

Figuras gigantes de hombre y mujer. Cerámica fumigada. El color negro se obtiene a través de un processo que consiste en impregnar las piezas con humo de resíduos naturales durante su cocimiento.
Autora: Eritrudes Noguera.
Altura: 1,35 m (hombre); 1,25 m (mujer).
Origen: Tobatí, Departamento de la Cordillera.

Cántaro con figura de sol. Cerámica fumigada.
Autor: anónimo.
Altura: 35 cm. Diámetro: 30 cm.
Origen: Itá, Departamento Central.

Cerámica

Eritrudes Noguera es una ceramista que vive y trabaja en la Compañía 21 de Julio de Tobatí, Departamento de la Cordillera. Ella se basa en la antigua experiencia alfarera guaraní y colonial para, a partir de esa tradición, desarrollar formas nuevas, apoyadas en técnicas indígenas y crecidas con la imaginación contemporânea. Tiene menos de treinta años y pertenece a la última generación de ceramistas que transmiten de madre a hija el manejo del barro y sus formas.

Ticio Escobar

Tobatí. La práctica alfarera heredada de los pueblos precoloniales se desarrolla en pequeñas comunidades alejadas del centro urbano, donde mantienen pautas socioeconómicas netamente rurales.

Acá podemos notar que la producción artesanal mantiene sus modelos tradicionales y sus aportes nuevos con un alto nivel de expresividad.

Itá. Centro ubicado a 30 kms. de la capital que últimamente se encuentra sufriendo un acelerado y desparejo proceso de urbanización. En Itá se advierten artesanías ubicadas en las compañías alejadas del centro de la ciudad y algunas, que aún instaladas en el radio pueblerino, conservan pautas tradicionales de producción y un buen nivel estético.

Osvaldo Salerno
Paraguay: artesanía y arte popular
(Asunción, Museo del Barro, 1986)

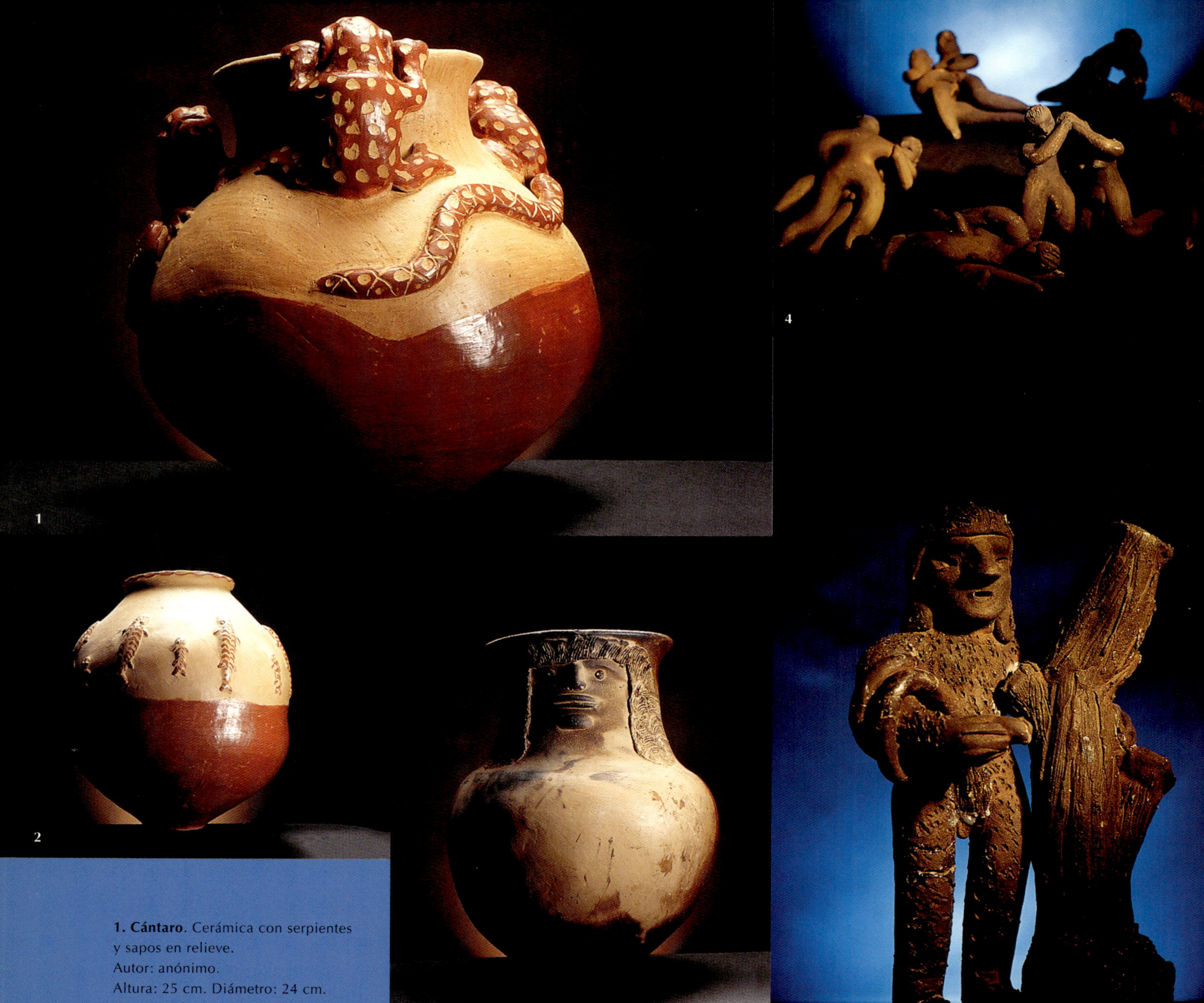

1. Cántaro. Cerámica con serpientes y sapos en relieve.
Autor: anónimo.
Altura: 25 cm. Diámetro: 24 cm.
Origen: Tobatí,
Departamento de la Cordillera.

2. Cántaro. Cerámica con peces en relieve.
Autor: anónimo.
Altura: 54 cm. Diámetro: 48 cm.
Origen: Tobatí,
Departamento de la Cordillera.

3. *Ta'angá*. Jarra de cerámica con rostro en relieve.
Autor: anónimo.
Altura: 53 cm. Diámetro: 38 cm.
Origen: Tobatí, Departamento de la Cordillera.

4. Figurillas. Cerámica natural con escenas eróticas.
Autores: anónimos.
Altura media: 16 cm.
Origen: Itá, Departamento Central.

5. *Kurupí*. Barro cocido. Figura mítica , espiritu de la fecundidad, señor de las selvas y de los animales silvestres.
Autor: anónimo.
Altura: 23 cm.
Origen: Itá, Departamento Central.

Página siguiente:

6. Cantarilla. Cerámica en forma de mujer.
Autor: anónimo.
Altura: 32 cm. Diámetro: 27 cm.
Origen: Itá, Departamento Central.

7. Botellón. Cerámica en forma de pez.
Autor: anónimo.
Altura: 38 cm. Largo: 28 cm.
Origen: Itá, Departamento Central.

8. Vasija. Cerámica con sapos en relieve.
Autor: anónimo.
Altura: 49 cm.
Origen: Itá, Departamento Central.

9. Vasija. Cerámica con rostro en relieve.
Autor: anónimo.
Altura: 40 cm. Diámetro: 32 cm.
Origen: Itá, Departamento Central.

10. Cantarilla. Cerámica en forma de pájaro.
Autor: anónimo.
Altura: 37 cm. Diámetro: 26 cm.
Origen: Itá, Departamento Central.

11. Cantarilla. Cerámica representando al armadillo, uno de los motivos más enraizados en la iconografía ceramística popular.
Autor: anónimo.
Altura: 30 cm. Largo: 36 cm.
Origem: Itá, Departamento Central.

6
7
8
9
10
11

Máscaras de Los Altos *Kamba-Ra'angá*

Yacaré gigante. Madera balsa.
Autor: Prisciliano Candía.
Largo: 2,35 m. Ancho: 72 cm.
Origen: Los Altos,
Departamento Central

Página siguiente:

Mascaras. Talladas en madera balsa, representan espíritus de animales, y son usadas para la fiesta de San Pedro y San Paulo o *Kamba-Ra'anga.*
Autores: anónimos.
Altura media: 35 cm.
Ancho medio: 18 cm.
Origen: Los Altos,
Departamento Central.

Escamoteando su propio rostro, el individuo se recupera desde el rodeo de lo otro. Oculto por la máscara, se diluye en la colectividad, en su memoria y en sus sueños para extraer de ellos nuevos argumentos y razones; se convierte en dios, en su propio antepasado, en animal mítico, en héroe o en fantasma para regresar a sí, negado y marcado, escondido por el doble papel que le depara la escena de su cultura.

El celebrante no queda indemne después de la máscara; luego de retirarla, sabe que su rostro será otra vez sustituido por el rostro ajeno, sabe que, en parte, él mismo está usurpando una cara desconocida, ocultando una máscara antigua, una ausencia quizá. Es que la máscara permite al hombre representar su condición de ser y no ser; le posibilita recordar la verdad temible del simulacro, el recurso de la ficción que debe esconder para revelar; la inquietante paradoja de la comedia humana – de la cultura toda – que expresa menos por lo que dice que por lo que calla.

En la ocasión de las fiestas de San Pedro y San Pablo y de la Navidad de la Virgen se realizan en Altos hasta hoy unas representaciones con profusa utilización de máscaras talladas en madera de balsa. Las máscaras de madera configuran un fenómeno bien interesante dentro del proceso de mestizaje de elementos culturales propiamente indígenas. Ya veíamos que los Chiriguanos y los Chanés usaban estas máscaras, desde la influencia de éstos a partir de un origen Arawak.

El antiguo uso de tales máscaras se correlaciona con el rito puramente agrícola y que, terminado el ceremonial, las mismas debían destruirse; aunque los modernos Chiriguanos, a partir de la transculturación criolla, las usan con un sentido festivo carnavalesco y no las destruyen sino que las utilizan como espantapájaros.

Tobatí tuvo población oscura, y el nombre genérico dado a las máscaras *(Kambá Ra'angá)* significa literalmente *figura de negro*. La fiesta de Reyes es llamada en Tobatí *San Baltasar ára* – día de San Baltasar, refiriéndose sólo al negro de los tres Reyes Magos.

Ticio Escobar
La Belleza de los Otros
(Asunción: RP ediciones, 1993)

Trajes ceremoniales. de *Nemur* y *Ashnuwerta*, los principales dioses de los Chamacoco.
Autores: grupo Chamacoco.
Origen: Potrerito, Departamento Alto Paraguay.

A la izquierda:
Ashnuwerta. Sobre la máscara de caraguatá lleva una gran guirnalda, el *nymagarak*, que sirve para marcar el inicio de la adultez. Varias varillas enplumadas (*báteta* y *shak-tern)* y un penacho de plumas de garza completan el tocado.

A la derecha:
Nemur. Su gran gorguera de plumas de cigüeña coronada por una guirnalda, adornado con filamentos de avestruz. Para representar a *Nemur*, el Chamacoco sobre quien recaiga tan preciada distinción deberá sostener por detrás de la nuca una vara, el *ook*, que culmina en ambos extremos en tupidos mazos de plumas de avestruz, sujetos en su base por ceñidores y plumas blancas de cigüeña y oscuras de pato bragado.

Yica nivaklé y ayoreo. Bolsas de fibras de caraguatá.
Autores: grupos *chaqueños*.
Tamaños: diversos.
Origen: Campo Alegre e Campo Loro,
Departamento de Boquerón.

El *Debylyby*

El *Debylyby* es la representación de una representación: los hombres actúan de hombres que actúan de dioses.

La gran ceremonia, el *Debylyby*, requiere infinitos plumajes coloridos, como infinitos eran los colores, las texturas y las formas de dioses que deben ser representados.

Hopupora se muestra.

Pero al aparecer ante los hombres lo hace como *Ashnuwysta*, La Señora del Resplandor Oscuro, contracara y reflejo de *Ashnuwerta*, la del Resplandor Rojo, la Suprema Dadora de la Palabra.

A pesar de su género femenino, es un varón quien la representa, como son varones quienes actúan de las hijas suyas que integran el cortejo y quienes, en última instancia, representan el papel de todas las divinidades. Pintados de negro sus brazos y piernas, escondido el rostro por máscaras y plumajes y el cuerpo por gruesos tejidos de caraguatá y más plumajes, la diosa – el rudo cazador travestido – avanza hasta el círculo ceremonial por el camino estrecho que a la mañana había sido abierto a través del bosque, y seguida por sus acompañantes y escoltada por cuatro shamanes, se ubica frente al oeste y grita profundamente.

Ticio Escobar
La Belleza de los Otros
(Asunción: RP Ediciones, 1993)

Caraguatá

El caraguatá, tambien llamado *cháhcar* es una planta bromeliácea de grandes hojas carnosas y punzantes que puebla generosamente el Chaco. El trabajo confeccionado con los hilos de sus fibras conforma una expresión esencial del indígena chaqueño; su presencia, asegurada a través de una extensa variedad de técnicas, funciones y sistemas ornamentales, cruza casi todo el horizonte cotidiano de las etnias occidentales y se convierte en motivo central de una bien arraigada tradición estética. La ornamentación de los tejidos es profusa y variada, pero siempre se desarolla en torno a motivos estrictamente abstractos y geometrizados.

En guaraní la palabra *arandú*
quiere decir sabiduría,
y significa sentir-el-tiempo.

Augusto Roa Bastos

Aunque el arte del indio comience en el territorio de su propio cuerpo, escena privilegiada de sus expresiones, en seguida se propaga por su entorno inmediato, envuelve a las cosas, las sacude de la modorra de la rutina y promueve en ellas el cumplimiento de sus funciones trascendentales y utilitarias, políticas y lúdicas... Desde las resonancias y las honduras que descubre en las cosas o inventa en ellas, la forma rescata al objeto de su mera presencia material.

Ticio Escobar

1. Las bestias escritas. Algunas comunidades aché tallan figuras animales en madera de cedro o guatambú. Los dibujos pirograbados adquieren cada vez más autonomía expresiva hasta convertirse en signos abstractos.
Autores: grupo Aché.
Altura: 47 a 68 cm.
Origen: Acaray'mí, Departamento Alto Paraná.

2. Porongo. Calabaza para almacenar agua.
Autor: grupo Mbyá.
Altura: 37 cm. Diámetro: 25 cm.
Origem: Sacha Cué.

3. Vasija *deití*. Cestería rígida confeccionada sobre una estructura de tiras de tacuarembó recubiertas con una densa mezcla de cera de abeja y carbón, que le da el aspecto de un gran fruto oscuro y liso. Cuando son usadas para guardar agua o miel, son impermeabilizadas también en sus paredes internas.
Autores: grupo Aché.
Altura: 32 cm. Diámetro: 27 cm.
Origen: Iñaro, Departamento Alto Paraná.

4. 5. Cántaros para el desierto. El tipo más característico de la cerámica de los chaqueños está constituido por los cántaros, que pueden transportar o conservar hasta diez litros de agua. Estas piezas lucen un contorno ligeramente ovalado y rematan en un breve cuello cilíndrico, del que puede beberse directamente.
Autores: grupos chaqueños.
Altura: 24 a 33 cm. Diámetro: 20 a 25 cm.
Origen: Gran Chaco Boreal.

Muñecas de fertilidad. Barro crudo, tejidos y hilos coloridas.
Altura: 6 a 15 cm.
Autor: grupo Nivaklé.
Origen: Cayin o Clim, Departamento de Boquerón.

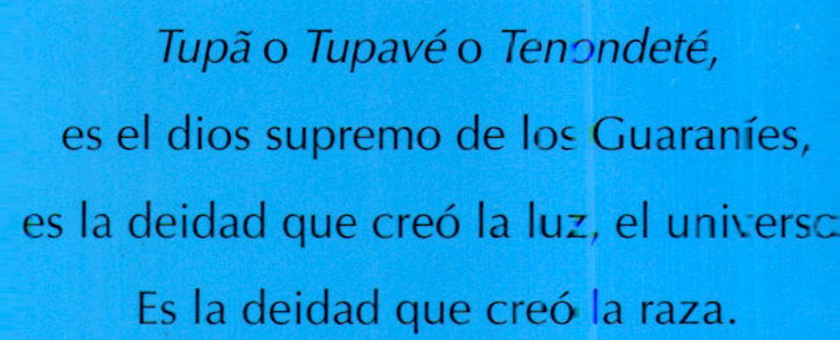

Tupã o *Tupavé* o *Tenondeté*,
es el dios supremo de los Guaraníes,
es la deidad que creó la luz, el universo.
Es la deidad que creó la raza.

Tomó un poco de arcilla, la mezcló con zumo de *Ka'á-ruvichá* (la yerba fabulosa), sangre de *yvyja'ú* (ave nocturna), hojas de plantas sensitivas (entre ellas el *jukeri*) y un *ambu'á* (cientopies), hizo una pasta remojando con agua de un manantial cercano, *Tupâykuá* (hoy *Tupaikuá*, lago *Ypakaraí*).

Con ella hizo dos estatuas, a su semajanza, y las expuso al sol para secarse, y quedaron dotadas de vida.

Dionisio M. Gonzalez
Creación y Mitos Guaraníes - Folklore del Paraguay, Asunción, 1995

Santería

Trabajada fundamentalmente en madera de cedro, se produce como expresión de religiosidad popular y se manifiesta en pequeñas y medianas figuras de santos realizadas hoy fundamentalmente en Tobatí, Capiatá y Trinidad. Originariamente las figuras eran talladas con cuchillo y pintadas con colores vegetales y barniz; hoy la sustitución de estos tintes por pinturas sintéticas es común en esta práctica.

Osvaldo Salerno

Santería. Tallados en madera de cedro.
Altura: 16 a 58 cm (cruces); 12 a 32 cm (piezas).
Autores: Zenón Páez e Cándido Rodríguez.
Origen: Tobatí, Departamento de la Cordillera, Capiatá, Departamento Central.

Máscaras. Maderas talladas que representan a los espíritus de los antepasados, usadas para la fiesta del *Areté-guasú* de los Chiriguanos-Guaraní.
Altura: 39 cm. Largura: 14 cm.
Autores: anónimos.
Origen: Santa Teresita, Chaco.

Máscaras Chiriguanas *Areté-guasú*

Las máscaras más interesantes son las utilizadas por los Chiriguanos de Santa Teresita, Mcal. Estigarribia, en las representaciones del ritual anual del *Areté-guasú*. Durante los tres días que hoy dura la fiesta, los hombres se disfrazan cubriéndose el rostro con máscaras, envolviéndose con mantos y adornando sus mejores ropas con plumas, cintas y cascabeles, con bordados de hilos de colores, con aplicaciones de abalorios, de lentejuelas, de papeles brillantes y guirnaldas navideñas y con cuanto detalle llamativo encontraren a mano.

Confeccionadas con maderas livianas de *samu'u*, estas piezas presentan una imagen esquemáticamente estilizada pero sumamente expresiva que recuerda a las de las máscaras africanas y, por ende, a cierta figuración picassiana.

Ticio Escobar
La Belleza de los Otros
(Asunción: RP Ediciones, 1993)

Tejidos de lana

Manta. Frazada en lana gruesa con decoración geométrica.
Autor: anónimo.
Largo: 2,10 m. Ancho: 1,75 m.
Origen: San Miguel de las Misiones.

Ponchos

Esta prenda partió de modelos de origen andino y fue desarrollada durante la Colonia como forma de vestuario generalizado para el mestizaje en una tradición difundida hasta hoy.

Se conocen fundamentalmente dos tipos: el poncho de lana gruesa – chará – y el llamado sesentalistas – o *para í* – de tejido muy fino y decoración listada, que incorpora hilos de seda.

El poncho es producido actualmente en San Miguel, Piribebuy y Asunción.

Osvaldo Salerno

Poncho chará. Tejido en lana gruesa.
Autor: anónimo.
Ancho: 1,20 m. Largo: 1m.
Origen: San Miguel de las Misiones.

Poncho sesentalista. Tejido en seda.
Autor: anónimo.
Ancho: 1,20 m. Largo: 1m.
Origen: Piribebuy, Departamento de la Cordillera.

El Indio/ayer, hoy y mañana

Primer ciclo

7 de junio a 29 de julio de 1990

Durante 5 semanas, en los meses de junio/julio de 1990, este ciclo estructuró su programación alrededor de las denuncias de exterminio de los Yanomami y de las luchas de resistencia de los Kayapó.

Cinco conferencias, una muestra de documentales y un encuentro de documentalistas sobre el tema ***Documento, Conocimiento e Identidad Étnica****. Una exposición fotográfica de Claudia Andujar,* ***El Exterminio Continúa. ¿Hasta Cuándo? Yanomami 1990.*** *Un foro político público centrado en la cuestión del genocidio Yanomami y sus relaciones con el Estado brasileño. Participaron en las actividades, como expositores y personas que testimoniaron: los indigenistas Cláudio y Orlando Villas-Bôas y Sydnei Possuelo; los líderes indígenas - Ailton Krenak, Anine Suruí, Sebirope Gavião y Tepiet Kayapó Gorotire; los documentalistas indios Siã Kaxináwa, Macsuara Kadiweu, Kim Abieti; los documentalistas no-indios Claudia Andujar, Vincent Carelli, Maureen Bisilliat, Marcelo G. Tassara, Andrea Tonacci, Renato Bulcão; los antropólogos Terence Tumer(Chicago University), Alcida Rita Ramos (Universidade de Brasília), Betty Mindlin (Pontifícia Universidade Católica de São Paulo), Renato Pereira (Museu Nacional do Rio de Janeiro); los científicos, juristas y políticos - Aziz Ab'Saber, Carolina Bori y Eda Tassara (Universidade de São Paulo), Roberto Baruzzi (Escola Paulista de Medicina), Eugênio de Aragão (Procurador de la República), Claudia Andujar (Comissão pela Criação do Parque Yanomami) y Severo Gomes (Senador de la República).*

El Indio/ayer, hoy y mañana

Dossier del primer ciclo

Una coedición Memorial da América Latina/EDUSP(1991) - organizada por Eda Tassara, profesora del Instituto de Psicología de la USP, y Maureen Bisilliat, curadora del *Pavilhão da Criatividade*, con la colaboración de las siguientes instituciones: **CCPY** (Comissão do Parque Yanomami), **CEDI** (Centro Ecumênico de Documentação e Informação), **IAMA** (Instituto de Antropologia e Meio Ambiente), Movimento Ação pela Cidadania y **UNI** (União das Nações Indígenas).

Plumajes sagrados de Bolivia

6 de agosto a 16 de septiembre de 1990

En la era precolombina, los habitantes de las regiones andinas apreciaban las plumas tanto como el oro, la plata y las piedras preciosas. Las plumas de águila y pájaros de colores originarios de regiones remotas, difíciles de capturar, adquirieron gran prestigio y significado mágico-religioso. En la actualidad los adornos de plumas siguen siendo utilizados en las fiestas religiosas y en los conjuntos de bailarines de Carnaval y de la Fiesta del Gran Poder.

Piezas de arte plumaria andina, raramente encontradas en los días de hoy, provenientes de la colección privada de Peter McFarren de la Fundación Quipus, La Paz. En la apertura de esta exposición, un grupo de bailarines y músicos del Altiplano vino a alegrar la fiesta con su música y pasos de danza.

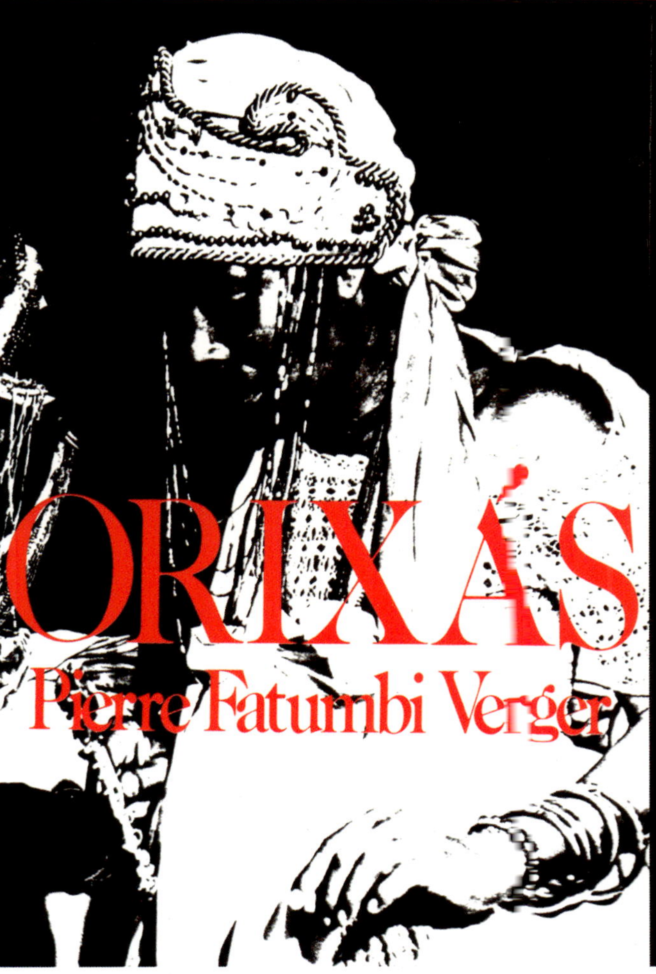

Carlos Gardel Un Mito

12 a 28 de octubre de 1990

Carlos Gardel nació en Toulouse el 11 de diciembre de 1890, pero su lugar de origen y parentesco permanecen, hasta hoy, nebulosos. Como los mitos, un aura de misterio envuelve, desde siempre y para siempre su memoria.

*Interpretaciones pictóricas de la exposición **Pintó Gardel**, organizada por José Cáceres y caricaturas de Hermenegildo Sábat ilustrando la historia del tango y de sus intérpretes, recuerdan a Gardel, revisto en la nostalgia de los documentales de época.*

Orixás

Pierre Fatumbi Verger

8 de noviembre a 9 de diciembre de 1990

Pierre Fatumbi Verger, nacido en París en 1902, descubre Bahia en 1946.

Se instala y pasa a convivir con el pueblo. Se compenetra profundamente con el *candomblé*, estudiando a fondo esta religión en la cual, según él, el hombre no siempre es pecador, culpable, sino un ser que tiene fuerza, valor y poder, pues es descendiente de los dioses, de los *orixás* que son energía pura, actuando sobre los hijos que le son consagrados.

Ethnologue ou anthropologue,
quels mots affreux!
On n'étudie pas les gens.
Ce ne sont pas des minéraux ou des insects.
Les hommes me passionnent car je les aime.
Je les rencontre non pour étudier
mais pour apprendre.

Pierre Fatumbi Verger

En la exposición: fotografías y textos de Pierre Verger; acuarelas de Carybé ilustrando escenas de terreiro (lugar de estas ceremonias religiosas), herramientas, instrumentos e indumentaria de santo; piezas de arte africana y afrobrasileña; esculturas de Agnaldo dos Santos; películas documentales sobre el culto a los orixás.

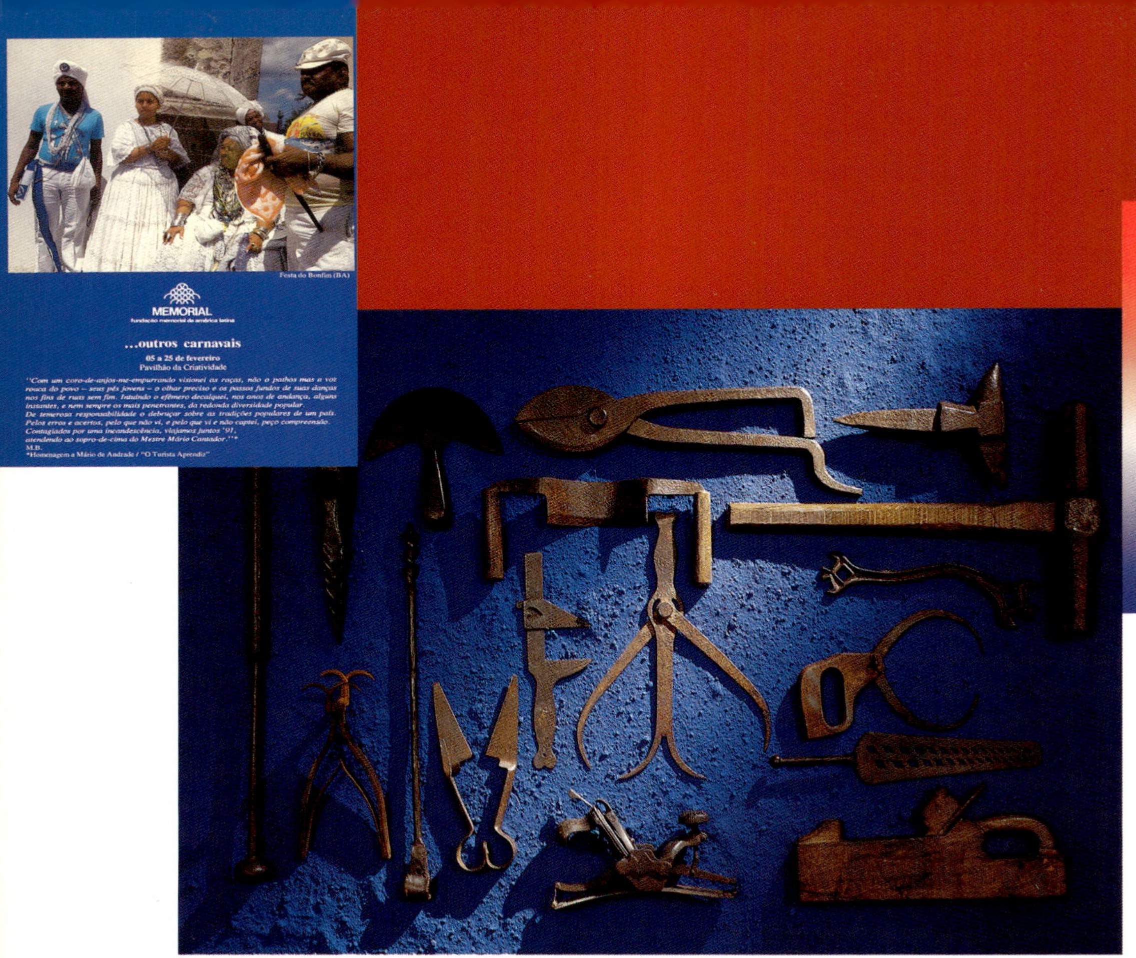

Otros Carnavales

5 a 24 de febrero de 1991

Con un coro de ángeles me empujando vislumbré las razas, no el *pathos* sino la voz ronca del pueblo - sus pies jóvenes - su mirada precisa y los pasos hondos de sus danzas en los finales de calles sin fin. Intuyendo lo efímero calqué, en los años de andanza, algunos instantes (y no siempre los más pertinentes) de la diversidad popular.

Es de una temeraria responsabilidad el examinar las tradiciones populares de un país. Por los errores y aciertos, por lo que no vi, por lo que vi y no capté, pido comprensión.

Maureen Bisilliat

Fotografías y textos sobre algunas manifestaciones populares del país: Afoxé, Bonfim, Bumba-meu-Boi, Guerreros, Maracatu, Romerías y Cultos a divinidades de la Umbanda y del Candomblé.

Metal-estrella

1º de mayo a 15 de julio de 1991

Badanos, cepillos, compases, escuadres, garlopas, gubias, pequeñas gubias, gramiles, etc., provenientes de la colección privada de Paulo Vasconcelos, despiertan al hombre urbano, hoy alejado de los objetos y enseñanzas del artesano, para la preservación de los oficios y el recuerdo de que con imaginación y tan solo un trozo de madera, una azuela, un formón, se puede crear una obra de arte.

Muestra de
Jequitinhonha/Último viaje

Se dice que la vida de un hombre es una alegoría. Esta película, documentando el último viaje de Jacques Bisilliat al Vale do Jequitinhonha, Minas Gerais, en noviembre de 1988, es una alegoría de esta alegoría: un último viaje – su saga.

Maureen Bisilliat

Pueblos Paraguayos

24 de octubre a 30 de noviembre de 1991

Esta muestra presenta un rápido panorama de la actual producción estética realizada en Paraguay por diversos sectores rurales y étnicos. Depararnos con estas formas sobrias pero enérgicas significa no sólo una manera de comprender mejor una historia que compartimos, sino también una posibilidad de reconocer el derecho a la diferencia, condición indispensable para el proyecto democrático en el cual estamos comprometidos.

Ticio Escobar

Piezas de arte indígena y arte popular rural; barro, madera, plumas, caraguatá, calabazas, encajes, cuentas y lana.

MEMORIAL DA AMÉRICA LATINA
EXPOSIÇÃO
CHILE
UMA LOUCA GEOGRAFIA
29 DE SET. / 12 DE NOV.
PAVILHÃO DA CRIATIVIDADE POPULAR
AV. MÁRIO DE ANDRADE, 664

¿El misterio de las cosas?
¡Que sé yo lo que es misterio!
El único misterio es que haya
quien piense en el misterio.

Alberto Caieiro/Fernando Pessoa

Amazonia

25 de marzo a 30 de junio de 1992

Acompañando la Conferencia Internacional **Uma Estratégia Latino-americana para Amazônia** (organizada por el Profesor Crodowaldo Pavan y realizada en el *Memorial da América Latina* entre el 25 y 27 de marzo de 1992), **Amazônia Legal**, ¡nombre anfibio de triple connotación !- une imágenes, objetos, textos y video-documentales, aspirando ofrecer una visión expansiva del paisaje amazónico y la introducción del hombre en ese espacio primevo.

***Mário de Andrade/fotógrafo**:49 imágenes del Archivo Mário de Andrade del Instituto de Estudos Brasileiros/USP.* ***Imagens da Terra**, Centro de Documentação do Trabalhador: 50 imágenes de João Ripper, Ricardo Funari, Gianne de Carvalho y Marcelo de Oliveira.* ***Cuadernos de viaje**: notas, acuarelas y dibujos de Rubens Matuck.* ***Arte plumária**: cerámica y collares ceremoniales indígenas.*

Chile, una loca geografia

29 de setembro a 6 de dezembro de 1992

Parecen ignorar que Chile tiene una extensión mayor que cualquier país de Europa, excepto Rusia (me refiero al "legítimo" mapa de Europa). No saben que sus montañas son las más altas del mundo, después del Himalaya; que sus costas están entre las más extensas y complicadas que existen; por fin, que su extraña configuración a lo largo de 4.200 kilómetros hace de nuestro país un pequeño mundo escalonado en los más variados climas y tipos que posee la tierra.

Sabemos que en el extremo Norte, Chile está separado del mundo por una ancha extensión desértica. Por el Sur, mira hacia los hielos del Polo. Por el Oeste, tiene al océano hasta la mitad del mundo; y por el Leste, la cordillera inmensa.

Un país así se llama *Isla*, aun cuando sus límites no encuadren dentro de la definición geográfica de las islas.

La palabra **Chile** tiene un sabor infantil, irresponsable, como el primer rayo de sol que pasa acariciando nuestra tierra en un amor rápido de amanecida, y que, de un vuelo, alcanza hasta el mar.

Benjamin Subercaseaux

Vestimentas y adornos de plata tradicionales de los indios Mapuches de la colección del Museo Chileno de Arte Precolombino; figuras en piedra volcánica de la Isla de Pascua pertenecientes a la Fundación Rapa Nui; maquetas de construcciones tradicionales de la Isla de Chiloé de la colección de Jacques Bisilliat; indumentarias y adornos tradicionales del Huaso - el gaucho chileno - de la colección del Museo del Huaso, componen esta exposición, representando a Chile en el Pavilhão da Criatividade.

El gaucho
O gaúcho

8 de novembro a 19 de dezembro de 1993

Aprendieron los caminos de las estrellas,
los hábitos del aire y del pájaro,
las profecías de las nubes del Sur
y de la luna como un cerco.

Fueron pastores de la hacienda brava (...)
Vivieron su destino como un sueño,
sin saber quienes eran o qué eran.
Talvez lo mismo nos ocurre a nosotros.

José Luis Borges

El gaucho muere y renace. En actitudes y trazos psíquicos, a veces como un fantasma, otras como una caricatura, muchas veces como un cíclope que queda al descubierto frente a la ascensión de los vendavales exteriores, en la intimidad subjetiva y subterránea de un nacionalismo auténtico y vital. Aun hoy, en plena selva urbana, descubrimos alguna figura humana que en sus actitudes, en su exterioridad y a su modo hace recordar a los antiguos gauchos de otros tiempos.

Fernando O. Assunção

El lazo, la boleadoras, la lanza, el cuchillo, los gestos, no son palabras. Son actitudes con el cuerpo, con la mirada; una forma de ver lo que está ocurriendo alrededor de uno y ser rápido para sobrevivir, de tener tacto para no quedar plantado en el suelo. Esta es la forma en que el hombre usa su caballo, su ganado, sus medios.

El gaucho - el hombre de la frontera - tiene esas características.

Paixão Côrtes

Indumentaria gaucha de la colección de Juan Carlos Duchini y del Museo del Gaucho de San Andrés (Argentina); de la colección de Fernando Assunção y del Museo del Gaucho de la República Oriental del Uruguay (Uruguay) y de la colección privada de Paixão Côrtes (Brasil); reproducciones de telas de artistas como Quinsac Monvoisin, Pueyrredón y Essex Vidal; acuarelas de Federico Reilly; textos seleccionados de estudiosos como Barbosa Lessa y video-documentales sobre la realidad del gaucho de la banda oriental y de la Argentina y del gaúcho nacional.

Roger Bastide

Sociólogo, Poeta & Místico

27 de septiembre de 1994 a 16 de febrero de 1995

Recreación idéntica del universo *bastidiano* a partir de objetos-símbolo elegidos en libre asociación, una puerta abierta para la obra de Roger Bastide. Textos seleccionados extraídos de dos libros del autor: *Terra de Contrastes* y *As Religiões Africanas no Brasil*, constituyéndose en el guión de esta exposición, revelan la mente abierta y la firmeza de corazón de este sociólogo poeta, en contacto continuo con las fuerzas sociales y espirituales de la sociedad brasileña, sincrética en su esencia.

Indumentaria del Candomblé - colección Jacques Bisilliat; vestimentas de Orixás - colección Adelaide de Oxúm; estatuillas de Ibejís Yorubá - colección Museu Nacional de Belas Artes do Rio de Janeiro; ex-votos - colección Renée Sasson; animales tallados de J. Alcântara - colección Fábio Ávila; santos tallados de Domingos Siqueira - colección Antonio Marcos Silva y familia O'Kretic; miniaturas y objetos industriales producidos a mediados del siglo XX - colección Paulo Vasconcelos; publicaciones varias - Biblioteca de la Faculdade de Filosofia, Letras e Ciências Sociais/FFLCH y del Instituto de Estudos Brasileiros/ IEB de la USP; documentación iconográfica sobre Roger Bastide.

Exposição
emorial da América Latina
Pavilhão da Criatividade
27/09 a 30/10/1994

Encontro
Centro Universitário
Maria Antonia - USP
Rua Maria Antonia 294
28 e 29/09 às 20:30 hs.

ROGER BASTIDE

Sociólogo Poeta & Místico

ulo - USP

Pajés **y médicos en busca de la salud**

EPM XXX años Xingu

9 de noviembre de 1995 a 28 de enero de 1996

Travessias Xinguanas y ***O Trabalho de Saúde da Escola Paulista de Medicina no Xingu***, integrados y representados a través de: objetos de la cultura material xinguana del acervo de la Sala Xingu; paneles fotográficos y textos seleccionados relatando momentos de la vida en el Xingu en distintas épocas; registros del trabajo de salud de la EPM, presente en el Xingu desde el año 1965 bajo la dirección del Profesor Roberto Baruzzi, profesor titular del Departamento de Medicina Preventiva de la EPM; equipos médicos, fichas de control, videos y otros materiales utilizados en el trabajo de salud de la EPM/Xingu y en la capacitación de los monitores indios; documentos, publicaciones y objetos personales de personalidades *xinguanas*: Karl von den Steinen, Mariscal Rondon, Hermanos Villas-Bôas, Noel Nutels, Profesor Roberto Baruzzi. El grupo xinguano, actual Unidad de Salud y Medio Ambiente de la EPM, se viene transformando cada vez más en un centro de referencia para los que trabajan en salud en áreas indígenas de todo el país. En los últimos años atención especial se viene dando a la formación y entrenamiento de monitores indígenas de salud, teniendo como objetivo la implantación de un sistema local de salud que atienda mejor a las necesidades del presente.

"Nosotros los indios, tenemos que llevar adelante nuestra vida, sin depender del hombre blanco. Nosotros también tenemos la capacidad de aprender y cuidar de nuestro pueblo. Si este trabajo hubiera empezado a partir de la creación del parque, nosotros ya no necesitaríamos al médico blanco aquí. Nuestra vida es distinta a la de ellos. Aquí es nuestra tierra. Yo no he aprendido muchas cosas, pero lo poco que sé se lo enseño a los niños. Nuestra época ya pasó, necesitamos enseñar a nuestros niños para ellos puedan cuidar de nuestro pueblo cuando sean mayores." **Aturi Caiabi** – monitor.

La Representación Regional del ACNUR para el Sur de América Latina, con su sede en la ciudad de Buenos Aires, tiene el placer de presentar en Brasil: Los Refugiados de Nuestro Tiempo

Imágenes trágicas Imágenes de esperanza

11 a 28 de junio de 1996

53 fotos de Sebastião Salgado tomadas en cinco áreas geográficas del mundo que ilustran el drama de los refugiados contemporáneos, reflejando una de las mayores tragedias de n uestro tiempo.

El ACNUR promueve el derecho internacional de los refugiados y colabora con los gobiernos e instituciones no gubernamentales en la búsqueda de soluciones a este problema humanitario. Proteger y asistir a los refugiados se constituye en una colaboración activa en favor de la paz y la seguridad mundiales. Las fotografías de Sebastião Salgado nos ayudan a ver mejor y con más profundidad el desafío que enfrentamos, constituyéndose en un formidable llamado a la solidaridad internacional.

Guilherme L. da Cunha
Representante del ACNUR para el Sur de América Latina

Bahia Amada Amado

9 de diciembre de 1996 a 26 de enero de 1997

Esta es mi ciudad y en todas las ciudades por donde anduve, la reví en un detalle de belleza. Ninguna así, tan densa y aceitosa. Ninguna así para vivir. En ella quiero morir, cuando llegue el día. Para sentir la brisa que viene del mar, oír a la noche los bongó y las canciones de los marinos.

La Ciudad de Bahia, plantada en una montaña, penetrada de mar.

Jorge Amado

Presentación de libro con textos escogidos de Jorge Amado y fotos de Maureen Bisilliat, editado por Editora Empresa da Artes, patrocinado por la Unisys, en el Pavilhão da Criatividade. Exposición de fotos de la autora y de un conjunto de vestimentas de Orixás, confeccionadas por Adelaide d'Oxum.

Las fotografías se suceden en una visión excepcional y al mismo tiempo exacta de la vitalidad de la vida y del pueblo de Bahia. El libro es un canto de amor.

Jorge Amado

Imágenes que evocan el cielo y el mar, la tierra y la gente de la Bahia de Jorge Amado: fotografías que se intercalan en los textos, extraídos de 12 obras del escritor, en el cantar iridiscente del lenguaje amoroso, exuberante y trágico de Jorge Amado. Amor de hombre para mujer; de ser humano para ser humano; amor a la vida; a la dura existencia; amor a la tierra. Amor resistencia: amor odio, amor pícaro y dionisiaco de los figurantes nocturnos del Olimpo afrobahiano.

Maureen Bisilliat

El camino es largo
y parcialmente desconocido.
Conocemos nuestros límites.
Lo haremos nosotros mismos,
el hombre del siglo XXI

Ernesto Che Guevara

La tradición espiritual de nuestro pueblo en especial la de los ultimos años, nos ha confirmado que los valores morales, la voluntad transformadora y el cultivo de la inteligencia, cuando están unidos a sentimientos solidarios, tiene fuerza como para salvar a una nación. Sin sectarismos ni estrechos criterios dogmáticos, hay que unir toda la intelectualidad latinoamericana sobre el fundamento y la noble inspiración de una idea cardinal: **situar la educación, la ciencia y la cultura en el centro de los análises estratégicos de la economia y de la vida social.**

Armando Hart Dávalos
Ministro de Educación (1959-1965),
Ministro de la Cultura (1976-1997) y actual
Presidente de la Sociedad Cultural José Martí.
Conferenciante de la exposición.

Ideas de

Un soldado de América

para el mundo de hoy
pensamientos de

Ernesto Che Guevara

27 de octubre de 1997 a 1er de febrero de 1998

En los ricos e informadores escritos del Che - un hombre que, como a él mismo le gustaba decir, *actúa como piensa* -, buscamos transmitir, en síntesis y de forma simple, algunas ideas de este *soldado de América*, introduciendo al público joven en el pensamiento extraordinariamente actual de Ernesto Che Guevara: su coherencia y exigencia, su ternura, envolvimiento y pasión.

Fotografías, textos, documentales y publicaciones de, y sobre, Che Guevara.

40 Imágenes de la Revolución 1953-1996

Selección de fotografías y textos
de Pedro Álvarez Tabío
Taller de Asuntos Históricos del
Consejo de Estado de Cuba

Entre una y otra foto median cuatro décadas en que la historia de Cuba parece adensarse y acelerar el paso, y cuajar en símbolo y leyenda a cada instante: cuatro décadas en que los cubanos se han entregado en cuerpo y alma, sin mezquindad alguna, a una aventura de transformación, combate y creación, donde el itinerario personal de cada uno se ha disuelto en la trayectoria colectiva, y han enfrentado sin miedo el *imposible*, una y otra vez...

Fotografías

Calazans Luz: Tapa. Páginas: 2, 12-13, 14-15, 16, 17, 18, 22, 24, 25, 29, 31, 32 *(foto 7)*, 34, 38, 39, 41, 45, 48, 49, 54-55, 58, 59, 60-61, 62-63, 67, 78 *(abajo a la izq.)*, 82, 85, 90 *(arriba)* 92, 94, 98, 100-101, 102, 106, 110, 111, 116-117, 118, 119, 120-121, 122 *(foto 1)*, 123 *((arriba y foto 7)*, 126, 128-129, 134, 142.

Renato Soares: Contra-tapa. Páginas: 19 *(a la izquierda)*, 20-21, 23, 28, 30, 32-33, 35, 40, 42-43, 44, 46-47, 50, 51, 52, 53, 54 *(abajo)*, 56-57, 66, 68-69, 70-71, 75, 76, 77, 78, 80, 83, 88, 89, 90 *(abajo)*, 91, 93, 94 *(encima)*, 96, 97, 99, 101 *(a la derecha)*, 103, 104, 105, 107, 112-113, 114-115, 119 *(abajo a la izq.)*, 122 *(fotos 2, 3, 4, 5)*, 123 *(foto 6)*, 124, 125, 126 *(a la izquierda)*, 132-133, 135, 136-137, 138, 139, 140-141, 143, 144, 145, 146, 147, 148-149.

Andreas Heiniger: Páginas: 19 *(a la derecha)*, 20 *(abajo)*, 154 *(El Gaucho)*.

Jean-Pierre Bisilliat: Páginas: 26-27, 73.

Maureen Bisilliat: Páginas: 10, 36, 64, 86, 108, 130.

Publisher

Fábio Ávila

Proyecto editorial y coordinación general

Maureen Bisilliat

Proyecto gráfico

Maureen Bisilliat / Ruth Klotzel

Compilación de texto

Maureen Bisilliat / Helena Tassara

Pesquisa y datos catalográficos

Luciane de Andrade Barreto

Traducción español/portugués

Helena Tassara

Revisión del portugués

Marina Kahn

Traducción y revisión portugués/español

Waldo Mermelstein / Miriam Osuna / Enrique Melone

Editoración electrónica

Ana Paula Leone (Estúdio Infinito)

Magali Fiorini (Oficina de Artes)

Intermediación de derechos de autor

Fernando Bueno

Fotografías

Calazans Luz / Renato Soares

Asistente de producción

Carlos Dourado

Digitalización de video-imágenes

Eduardo Gehrke (Videcom)

Producción gráfica

Marcos Albertin

Fotolito, impresión y terminación

Takano Editora Gráfica

Brasil 1999

Apoio Institucional da Prefeitura
do Município de São Paulo
Lei nº 10.923/90

Dados Internacionais de Catalogação na Publicação (CIP)
(Câmara Brasileira do Livro, SP, Brasil)

Bisilliat, Maureen
Pavilhão da Criatividade : Memorial da América Latina : Brasil / Maureen Bisilliat [registro fotográfico Calazans Luz e Renato Soares ; tradução espanhol/português Helena Tassara] . -- São Paulo : Empresa das Artes, 1999 .

1. Arte popular - América Latina 2. Cultura Popular – América Latina 3. Pavilhão da Criatividade (Memorial da América Latina, São Paulo, SP) I. Luz, Calazans. II. Soares, Renato. III. Título. IV. Título: Memorial da América Latina.

99-4614 CDD - 745.098

Índices para catálogo sistemático:

1. América Latina : Arte popular 745.098

Printed in Brazil
1999

Empresa das Artes
Rua da Balsa 559 São Paulo SP 02910 - 000
Tel 55 11 3933 2866 Fax 55 11 3931 3988
E-mail fabioavi@zaz.com.br
Internet www.livrarianobel.com.br